단순하게, 더 단순하게

난 정말이지 많은 것을 줄임으로써 더 많은 것을 얻었다.
단순하게, 더 단순하게!

# 단순하게, 더 단순하게

홍기 지음

그루

## 책 머리에

은퇴하여 일에서 자유로워지자 내 식대로 살아 봐야겠다는 욕구가 더욱 강해졌다. 내가 꿈꾸는 삶은 최대한 단순하게 사는 것이다. 남해의 작은 섬 두미도에 방 하나를 얻어 미니멀리스트로 살아 보기로 했다.

아시다시피 미니멀리스트는 모든 걸 최소화시켜 사는 사람을 말한다. 최소한의 것만 소유하고, 최소한의 일을 하며, 마음 가는 대로 산다는 원칙을 정하고 이 삶에 '실험'이라는 이름을 붙였다. 그렇게 새로운 출발을 시도했다.

몇 년의 세월이 흘러 돌아보니 실험은 꽤 만족스러웠다. 사물을 바라보는 시선이 맑고 투명해졌으며 비울수록 풍족해진다는 것도 깨달았다. 무엇보다 큰 수확은 단순한 삶이 행복감을 상승시킨다는 사실에 대한 확신이었다.

그동안의 기록을 모아 '섬에서 단순하게 살아 보기'란 제목으로 책을 내었다. 이 책은 세종도서문학나눔에 선정되어 전국의 도서관에 비치되어있다. 이제 여덟 편의 글을 더 완성하여 증보판을 내면서 제목을 '단순하게, 더 단순하게'로 바꾸기로 하였다. 전체 글의 맥락에서 볼 때 이 제목이 훨씬 더 어울리지 않을까 하는 생각에서다.

섬에도 많은 변화가 있었다. 섬은, 살고 싶은 섬으로 지정되었고, 두미옛길이 복원되었으며, 전망 좋은 곳에 비전하우스도 들어섰다. 타지에 살다가 섬으로 옮겨와 새로운 삶을 이어가는 얼굴들도 더러 보였다. 그리하여 섬이 예전보다 더욱 활기차졌다.

마음을 다하여 지원해 준 아내에게 고마움을 전한다. 덕분에 사람들 사이에서 부대끼지 않고 단순하고 간소하게 살면서 행복하게 창작에 임할 수 있었다. 이 책을 자유를 꿈꾸는 모든 사람들에게 바친다.

책 머리에·4

# 1
# 봄

⋮

실험·11

동백나무·16

바람·20

별·25

철이네·30

자리다툼·37

단순하게·42

음식·48

낙원·54

갈등·60

# 2
# 여름

⋮

등대·69

비 오는 날·75

고요·80

친절·86

산책·92

외출·98

메기 효과·104

일거리 줄이기·110

자비 실천·115

길·122

3
가
을

︙

글쓰기·129

더 느리게·135

아침·141

어느 하루·147

태풍·154

낚시·161

방문객·167

집·177

자급자족하는 삶·183

달빛 걷기·190

4
겨
울

︙

어느새·199

안개·204

작은 새·208

난 내가 좋다네·212

별똥별·217

빈집·223

왕이 되다·229

친구들·236

살다 보면·246

실험의 결과·251

1

봄

# 실험

> 그대, 어디서 무엇 하며 살았는가?
> 이만하면 족하다 하려는가?
> 그러지 말고 이제,
> 온전히 마음 가는 대로 살아 보게.
> 내일이면 늦을지 모르네.

   나는 한 가지 실험을 하려고 한다. 삶에서 군더더기를 모두 걷어내고 알짜만 남겨, 주어진 시간들이 스스로 빛을 뿜어내게 하고 싶다. 적게 소유하고 풍족하게 사는 것, 그것이 내가 하려고 하는 실험이다. 그러자면 어떻게든 내 삶을 단순하게 더 단순하게 해야 했다.
   나는 늘 잡다한 물건들과 일에 둘러싸여 있었고 그것이 당연하게 여겨졌다. 어느 하나 거부할 수 없는 가치가 되어 운명처럼 삶을 지배했다. 나도 모르게 더 많은 물건을 사들이고, 더 많은 일을 하며, 그로 인해 얻게 된 만족감을 성취의 기준으로 삼았다.

어느 순간 문득, 그 가운데 대다수가 꼭 필요한 것은 아닐지도 모른다는 생각이 들었다. 꼼꼼히 따져 보니 정말 그랬다. 현실의 모든 것은 먹으면 먹을수록 더 배고프고 마시면 마실수록 더 목마른 것이었다.

옷장을 가득히 채우고도 모자라 박스에 담아 창고에 넣어 둔 옷들이 정말로 다 필요한 것일까? 서가와 베란다 뒤편에 수북이 쌓아 놓은 책들 중에서 앞으로 다시 읽게 될 책은 과연 몇 권이나 될까? 집 안 구석구석 숨어 있어 존재조차 까마득히 잊은 자질구레한 물건들을 한 번이라도 새로 쓰게 될 날이 올까?

지금 당장 사용할 몇 가지 옷이며 물건과 몇 권의 책을 남겨 두고 싹 다 버린다면 어떤 일이 일어날까? 나를 지탱하던 에너지가 한꺼번에 빠져나가 정신조차 혼미해질까? 아니면 사라진 것들에 대한 미련 때문에 몇 날 며칠 눈물과 한숨 속에서 살게 될까? 대답은 단호히 '아니다.'다.

일도 마찬가지다. 그리 중요할 것도 없는 모임과, 얼굴을 내기 위해 어쩔 수 없이 참석해야 하는 회합과, 문화생활이란 이름으로 여기저기 기웃거리게 하는 마음에도 들지 않는 공연 관람 따위는 당장 그만두어도 미련이 없는 것들이다. 스스로 책정한 가치에서 벗어난 일은 허무만 남길 뿐이다.

그 사실을 깨닫는 순간, 기존의 것을 모두 버리고 내 방식대로 살아 보고자 하는 욕구가 생겨났다. 가정이나 직장, 또는 사회에서의 삶은 상당 부분이 강요된 것이었고 그건 결코 나의 방식이 아니었다. 그렇게 이끌리듯 사는 삶은 어딘지 모르게 건조하고 불편하며 부자연스럽기 마련이다.

적당히 타협하여 현실에 익숙해지라는 내면의 외침에 자기최면이 걸려 결국 거기서 벗어나려는 시도조차 해 보지 못했다. 하지만 마음속 깊이 뿌리내린 자유를 향한 갈증만은 씨앗으로 남게 되어 언젠가 주어질지 모를 토양과 수분과 햇볕을 기다리고 있었다.

욕구가 점점 강렬해져 힘껏 당겨진 새총의 고무줄처럼 탄성이 생겨났다. 팽팽한 긴장 상태에 놓여, 조금이라도 힘이 풀리면 즉시 꿈꾸고 있는 시·공간으로 날아갈 터였다. 그러던 차에 은퇴를 하여 평생 종사하던 일에서 자유롭게 되었다.

막연히 뭔가 새롭게 시작해야 한다는 사실을 감지했다. 그러지 않으면 원하는 변화를 이끌어낼 수 없다. 바로 코앞에 낙원이 있다 해도 지금의 자리를 박차고 일어나야만 들어갈 수 있는 법이다.

선택의 갈림길에 섰다. 자의에 의한 선택에 따라 모든 것이 바뀔 것이다. 운명의 올은 순간순간의 선택으로 엮여지므로 무척 조심스럽기는 하다. 살아오는 동안 해 온 참으로 많은 선택에 의한 결과물이 지금의 나 아니던가. 꽤 만족스러운 성취를 이루었다고 자평하지만 그것은 갈빗대 밑에 똬리 틀고 앉아 좀처럼 물러나려 하지 않는 작은 허전함을 숨겨 둔 채다. 이제 그 녀석을 강제로라도 끌어내지 않으면 안 될 때가 되었다.

강요에 의한 선택을 모조리 쓸어 모아 신들의 유배지 안으로 밀어 넣고, 삶 안에 오직 자의의 선택만을 남길 작정이다. 그렇게 스스로 삶의 주도권을 잡을 생각이다. 이는 실험이라는 이름의 독립 선언이다. 기회가 왔을 때 마땅히 독립을 선언해야 한다. 기회는 다가왔다가 주인이 망설이는 기색이 보이면 즉시 달아나 버리는 속성을 가지고 있으니까.

이제 실험을 시작할 시간이 되었다. 실험은 창의나 창조의 출발점인 동시에 그동안의 기득권에 대한 포기 선언이기도 하다. 잃는 것도 있겠지만 얻는 것에 비하면 그것은 무시해도 좋을 만큼 미미할 것이다. 실험을 하려는 것은 삶에서 우선순위를 새롭게 배치하라는 내적 명령에 따르는 것이므로 얻는 것이 없다 해도 괜찮다.

이 실험을 위해 어디로 떠날 것인가 모든 곳에 가능성을 열어 두고 따져 보았다. 공기 맑고, 조용하고, 오염되지 않았으며, 자연환경이 아름다운 곳이 좋겠다. 일단 도시와 멀리 떨어진 깊은 산속이나 오지 마을, 바닷가 등 사람의 발길이 거의 닿지 않을 외신 곳을 중심으로 범위를 좁혀 갔다.

자꾸만 남해의 작은 섬 두미도로 마음이 기울어졌다. 위의 조건들을 충족할 뿐만 아니라 평소에도 자주 다녀 익숙해져 있기 때문이다. 무엇보다도 난 이미 그곳에서 맛보기로 이 실험을 실행해 본 경험이 있다. 은퇴하기 좀 전에 맞이한 연구년을 고스란히 거기서 보낸 것이다.

가족의 동의를 얻어 무작정 두미도로 떠났다. 이제 나는 집보다 섬에서 더 많은 시간을 보내게 될 것이다. 거기서 단순하게 더 단순하게 살게 될 것이다. 진정한 자유란 기존의 삶을 버리고 새 삶을 향해 떠나는 것을 말한다.

# 동백나무

> 모진 바람 온몸으로 받아내며
> 오직 침묵으로 버텨 온 세월,
> 이제는 성찰의 기간도 지났으니
> 드러내고 웃을 만도 한데
> 미소조차 안으로 감추고 있구나.

단순하게 사는 데 가장 방해되는 것이 지나치게 많은 일이다. 일을 줄이지 않으면 절대 단순해질 수 없다. 일을 줄이는 방법 가운데 하나는 가능한 한 자주 자연의 맨얼굴을 대하는 것이다. 자연 속에 자연과 함께 머물러 있으면 하고자 하는 일들의 중요성이 조금씩 퇴화한다. 그리하여 마침내는 일이 가치의 영역 밖으로 밀려나게 된다.

이 섬에서 기꺼이 자연의 관찰자가 되기로 하고 처음으로 관찰한 것이 동백나무다. 동백나무와 함께 동백나무 길을 걷다가 동백나무 앞에 서 본다. 눈을 살며시 뜨고 숨을 고르고 편안한 마음으로 동백나무에 눈길을 준다.

동백나무는 생김새가 야무져, 보고 있으면 근육 덩어리가 연상된다. 모진 바닷바람을 맞고 빈고의 세월을 지지며 단련해였으니 그만한 근육이 생길 만도 하다. 지난해의 태풍에 소금기 머금은 바닷물을 뒤집어쓰고 유자나무는 많이 죽었는데 동백나무는 근육 덕분에 하나도 죽지 않았다.

그러고 보니 근육은 고통의 결과물이다. 뼈를 깎는 단련이 없다면 근육도 생겨나지 않을 것이다. 한번 생긴 근육은 힘으로 비축되어 어려움을 이겨낼 바탕이 되어 줄 테니 고통이라고 무작정 피하기만 해서는 안 될 것 같다. 어차피 겪어 내어야 할 고통이라면 차라리 반기는 편이 현명하다. 반기면 그만큼 더 가볍게 여겨질 것이다.

동백꽃은 추위가 본격적으로 시작되는 시점에 피기 시작한다. 시련이 다가오면 대부분 풀이 죽어 위축되거나 소극적이 되어 잔뜩 움츠리고 그 시간이 지나가기만을 기다리기 마련이다. 다른 꽃들이 겨울을 피하는 이유도 거기에 있다. 하지만 동백나무는 이를 거부하고 시련의 중심부에 당당하고 꼿꼿이 서서 에너지의 결정체인 꽃을 피워낸다.

동백꽃은 화려하지 않고 수수하다. 노란 꽃술을 둘러싼 속잎이 더 붉은 것은 열정을 안으로 숨긴 자취다. 꽃송이가 한결같이 아래쪽을 향하고 있는 모습은 부끄러워 고개를 살포시 숙이고 미소 짓는 새색시를 닮았다. 이런 순박함이 더 마음을 끈다.

동백꽃을 보고 있으면 침묵과 인내란 단어가 떠오른다. 그 얼마만 한 눈보라와 비바람을 견뎌내었던가. 타는 갈증과 따가운 햇살은 또 어떠하였던가. 이 모든 것을 당연한 것처럼 꼿꼿한 자세로 묵묵히 참아내었다. 한마디 불평 없이 오직 침묵으로 인내하였으니 그 보상으로 봄이 오는 길목에서 가장 먼저 이런 아름다운 꽃 잔치를 벌일 수 있는 것이다.

침묵과 인내는 떼려야 뗄 수 없는 관계로 묶여 있다. 침묵하지 않으면 그건 이미 인내가 아니다. 많은 선지자들도 침묵의 중요성을 인지하고 수행의 전제로 삼았다. 친정 부모가 출가하는 딸에게 벙어리 삼 년을 주문한 걸 보면 우리 조상들도 침묵의 중요성을 진작부터 깨닫고 있었던 모양이다. 침묵은 강렬한 이야기를 대변하는 묵음이다.

인내는 그 자체로 큰 가치가 있다. 인내함으로 더 많은 것을 얻어낼 수 있고 인내함으로 더 큰 것을 이끌어낼 수 있다. 인내한 사람은 이미 충분한 보상을 받았다. 순간적인 충동을 참지 못하여 비참으로 떨어진 사람들이 얼마나 많은가! 인내는 미래를 위한 보험이다.

꿋꿋이 참아내면 언젠가는 그래도 그때가 참 좋았다고 웃으며 이야기할 날이 올 것이다. 그 또한 지나간 것이니 따지고 보며 마음에 둘 이유도 없다. 지금의 대단한 일이 뒷날에는 반드시 과거의 보잘것없는 일이 된다. 심적인 어려움도 인내하여 맞서서 이겨내면 마음의 내면에 동백나무처럼 근육이 생겨날 것이다.

나무 아래 이리저리 떨어져 흩어져 있는 꽃송이가 눈에 들어온다. 이상하게도 시들지 않았다. 꽃이 절정일 때 떨어진 것이다. 나무에 달린 채로 시들지 않겠다는 꼿꼿한 기상이 대견하다. 내려놓을 때는 망설이지 않고 내려놓아야 함을 몸으로 보여주었다.

사람들도 생의 마지막이 가까워 오면, 조금 아쉬운 맘이 들 때 건강을 유지한 채 잠자듯이 갔으면 좋겠다고 입버릇처럼 말하곤 하는데 동백꽃은 그런 면에서도 본보기를 보인다. 동백나무를 보고 배웠다.

## 바람

비우고 또 비워
형체조차 비워내어
비로소 자유가 된 저 바람.

바람 소리에 잠이 깼다. 갑자기 큰바람이 불어와 문이 덜커덩거리고 마당에서는 물건들이 요란한 소리를 내며 굴러다녔다. 파도는 더욱 크게 으르렁댔으며 나무들은 허리가 휘는 고통을 참아내느라 신음했다.

잠이 깬 김에 밖으로 나가 보았다. 자세히 관찰해 보니 바람은 자신의 길을 따라 어디론가 가고 있다. 목적 없는 행군이 아니라 자유라는 목적이 뚜렷해 보인다. 내가 미니멀리스트가 되어 더욱 단순하게 살아 보기 위해 이 섬에 들어온 것도 결국 더 큰 자유를 위해서다.

가로등 불빛 속에 대나무들이 바람결 따라 일렁인다. 그 모습이 꼭 춤을 추는 것 같다. 대나무뿐만이 아니다. 동백나무도 누리장나무도 키 큰 삼나무도 다 춤판에 동참하고 있다. 세상은 하나의 커다란 무도회장이 되었다.

희미한 소낙 아래 갖가지 무희들이 바람의 신호에 따라 이리저리 몸을 흔들며 춤을 춘다. 때로는 강하게 또 여리게, 앉았다가 일어서기도 하며 춤에 열중하고 있다. 이 순간만은 춤 이외는 아무것도 존재하지 않는 것처럼 보였다.

나무에게는 춤이, 자신에 대한 사랑을 확인하기 위한 성스러운 의식이나 마찬가지다. 바람의 강요에 의한 것이기는 하지만 순응하는 자세를 취함으로써 환희를 획득하였고 꺾이지 않고 끝까지 살아남을 수 있게도 되었다. 순응은 평화의 다른 이름이다.

바람은 스스로는 소리를 갖고 있지 않으면서, 다른 것들이 숨겨 두었던 소리를 깨울 수 있도록 내면을 자극한다. 바람이 스치며 겨드랑이를 간질이면 소리가 깨어난다. 대나무는 대나무의 소리를 내고, 삼나무는 삼나무의 소리를 내며, 전깃줄은 전깃줄의 소리를 낸다. 저마다 다른 소리를 내지만 결국 바람 소리 하나로 통일된다.

방으로 들어와서도 귀는 여전히 바람을 향해 열어 두었다. 맨몸으로 바람 속에 던져져 있지 않고 벽을 사이에 두고 있는 것이 너무나 고맙다. 따끈한 방 안에서 그 소리를 들을 수 있다는 사실 자체가 커다란 행운처럼 여겨진다. 이런 안락함은 선택받은 자만이 누릴 수 있는 특권이다.

이때쯤이면 아련한 추억 속으로 가슴 설레는 여행을 떠나지 않을 수 없다. 지금은 거의가 아파트나 양옥이라 그럴 일이 없겠지만, 창호 문을 사용하던 그때는 날이 추워지면 어느 집이나 추위와 조우하기 위한 최소한의 예의로 문을 새로 발랐다. 그것은 일종의 연례행사였다.

어머니는 해마다 가을이 다 가기 전, 햇살 따스한 날을 골라 고운 풀을 쑤어 문을 발랐다. 먼저, 돌쩌귀에서 문을 떼 내어 물을 축여 헌 종이를 제거한다. 문살 칸칸이 쌓인 먼지를 말끔히 닦아내고 문의 크기에 맞춰 재단한 한지를 붙인다. 문고리 부분은 손을 많이 타서 찢어지기 쉬우므로 작은 종이를 덧대어 붙인다. 멋을 내기 위해, 안에 국화꽃이나 은행잎 단풍잎 따위를 넣기도 한다. 마지막으로 모서리에 문풍지를 단다. 그걸 달아야 바람길이 막혀 겨울을 더 따뜻하게 날 수 있다.

마를 때 쭈글쭈글해지지 않고 반듯하게 펴지라고 입안에 한가득 물을 품고 문 위에 뿜어 댄다. 그런 다음 햇볕 좋은 장독대에 비스듬히 세워 말린다. 이때 어김없이 고추잠자리 몇 마리가 날아와서 앉아 쉬었다 가곤 했다.

겨울밤, 바람이 불면 문풍지가 삐리리삐리리 소리 내어 울었다. 바람의 강약에 따라 소리가 달라지거나 그것이 오히려 리듬을 만들어내어 시끄럽지 않고 정겹게 느껴졌다. 그 소리를 듣고 있는 것도 커다란 기쁨이다. 그래서 긴 겨울밤이 무료하지 않고 오히려 설레게 된다.

우리 마을 앞에 기찻길이 있었는데 지나가는 기차의 불빛이 문에 비치면, 문은 그대로 화면이 되었다. 화면 위에 집과 나무와 전봇대가 차례로 나타나며 신비한 영상을 만들어 낼 때 문풍지는 멋진 연사 역할을 해내었다. 자신만의 화법으로 막 상영되고 있는 영화의 내용을 충실히 설명하는 것이다.

텔레비전이나 컴퓨터가 없는 그때는 한곳에 머물러 노는 것이 가능하지 않았다. '살랑살랑 실바람을 잡아타고서' 산으로 들로 싸돌아다니다 보면 하루해가 짧았다. 빨랫줄의 휘날리는 빨래, 게양대 위의 펄럭이는 국기, 고개를 숙이고 일렁거리는 강아지풀, 파르르

떨리는 잠자리의 날개, 황금 들판에 건들거리며 서 있는 허수아비들이 지금도 눈에 선하다.

　원하는 때에 원하는 곳으로 훌쩍 떠날 수 있는 자유와, 소유의 번거로움에서 완전하게 벗어난 바람이 나를 유혹한다. 오늘도 바람은 욕심을 비우고 자유롭게 살라는 메시지를 전해 온다. 그것은 이 세상에서의 돈과 명예와 권력은 물거품처럼 부질없다는 가르침이다. 바람이 이 한밤중에 나를 찾아온 이유도 바로 그것 때문이다.

　잊어버릴라치면 바람은 다시 자신의 숨결에 이런 메시지를 실어 우매한 사람들의 혼을 일깨울 것이다. 대부분이 그 말을 무시하고 '더 높이, 더 멀리, 더 많이'를 외치며 무섭게 질주할 것이다. 목적을 이루든 그렇지 못하든 모두들 떠날 때에는 똑같이 이 세상에서의 모든 것이 다 부질없다는 말을 하게 될 것이다.

　바람 소리를 들으며 잠시 상념에 잠겼다.

# 별

> 별을 본다.
> 내가 우주의 중심임이 드러난다.
> 모든 것이 나를 위해 존재한다는 깨달음을 얻는다.

    섬 생활의 크나큰 즐거움 가운데 하나는 별을 마음껏 볼 수 있는 것이다. 섬에 머무는 동안, 구름이 낀 날을 제외하고 하루도 거르지 않고 별을 보았다. 한밤중에 깨어 어둠 속에 별과 함께 머물러 있으면 가슴속 욕심이 빠져나와 별들의 무리 속으로 흩어지는 게 보인다.

    태곳적부터 무심히 자신의 자리를 지켜 온 별들, 더 좋은 자리를 탐내지 않고 이권을 빌미로 남에게 시비도 걸지 않으며 그냥 존재하기만 할 뿐인 저 별들을 난 사랑하지 않을 수 없다. 별은 입을 열지 않고 수많은 이야기를 전해주며, 움직이지 않고 붙박여 있으면서 미지의 곳곳에 데려다 준다. 별은 나에게 사랑꾼이나 마찬가지다.

 반가운 마음에 별을 향해 손을 뻗어 본다. 별은 나의 손가락 끝에서 한 뼘 정도 떨어져 있다. 겨우 요만한 거리를 사람들은 광년으로 나타낸다. 자신 있게 말하거니와 머리로 계산해 낸 거리는 그리 중요하지 않다. 구태여 나타내라 한다면 그냥 '멀다' 하면 될 것이다. 아무래도 그것이 마음에 들지 않는다면 '아주 멀다' 해도 괜찮겠다.

 멀리 있는 것은 아름답다. 깜박이는 것도 아름답다. 멀리서 깜박이는 것은 더 아름답다. 유년의 기억이 아리도록 아름답게 느껴지는 것도 그것이 먼 과거의 일이라는 사실과 깜박이며 떠오르기 때문이다.

 별들은 사람의 감성을 자극한다. 신비의 영역에 속해 있다는 점이 자극의 강도를 더한다. 이런 사실이 신빙성 없는 조사와 상상으로 유추해 낸 별에 관한 모든 정의와 이야기들을 다 수용할 수 있게 한다. 그렇게 수용된 정의와 이야기들은 모두 사실이면서 또, 사실이지 않아서 사색의 테두리 안에 가둬 둘 수밖에 없다.

 얼마나 많은 과학자들이 별들의 생태를 연구했으며 시인들은 별들의 아름다움을 노래했던가. 또, 할머니들은 손주들에게 별들의 이야기를 들려주었던가. 지금 이 순간에도 어디에선가 별에 관한 새로운 이야기가 끊이지 않고 생산되고 있다.

인공위성은 별들을 향해 날아가며 수많은 자료들을 보내오고, 컴퓨터는 자료를 분석하여 새롭게 알게 된 사실을 유포시킨다. 사람들은 인공위성의 업적을 찬양하며 별이 속해 있는 우주를 잘 알고 있다는 착각에 빠지게 된다. 하지만 언젠가는, 아무리 노력해도 알 수 없는 부분이 있다는 것을 깨닫게 될 것이다. 우주는 인간의 사고가 도달할 수 있는 거리를 훨씬 지나쳐 있다. 더욱 우수한 장비가 개발되고 과학 지식이 축적되더라도 소용없다.

완벽한 우주선을 타고 아주 멀리 간다 해도 볼 수 있는 건 먼지와 가스와 암흑 물질과 한없이 차갑게 반짝거리는 또 다른 별들뿐이다. 그 이상은 기대하기 어렵다. 얻는 것은 결국 전체 우주에 비하면 무시해도 좋을 너무나 미미한 것들이다.

별을 둘러싸고 있는 대기 가스의 성분을 알아내고 별들의 구성 물질을 분석하여 새로운 정의를 내린다 해도 큰 감동은 기대하기 어렵다. 왜냐하면 그것은 메마른 정의가 될 것이 뻔하기 때문이다. 그렇다면 별들만이라도 탐구의 대상이 아니라 사색의 영역에 남겨 두는 것도 괜찮겠다.

우주 공간 안에 별들이 많긴 하지만, 별은 물질로 구성되어 어떤 형태를 취하고 있으므로 헤아리고 헤아리면 언젠가는 다 헤아릴 것이다. 그렇다면 모든 별들이 속한 공간도 한 영역으로 묶을 수 있겠다. 그 크기가 엄청나겠지만 결국은 제한된 닫힌 공간일 뿐이다.

그렇다면 그 너머의 세계는 무엇인가? 공간은 형태가 없으므로 끝도 없을 테니 모든 별들이 속해 있는 그 어마어마한 우주도 거기 비하면 한 알의 먼지조차 될 수 없지 않은가! 그것이 그 시절 내가 사색하여 밝혀낸 우주의 비밀이다.

그 비밀은 손가락의 수를 헤아리듯 너무나 명백하므로 지금까지도 유효하다. 이 우주의 비밀을 염두에 두고 생각하면 지구에 발 딛고 사는 인간의 존재가 얼마나 약하고 보잘것없는지 대번에 깨닫는다. 그걸 깨닫는 순간 마음속 갖가지 욕심과 고민과 부정한 감정들이 사라지며 깨끗이 정화된다.

어쩌면 그것은 소통을 시도한 나에게 별이 선사한 계시인지도 모른다. 어마어마한 연료를 태워 우주 속으로 날아 들어가 탐구하여 작성한 훌륭한 연구 보고서도 나의 이런 깨달음을 넘어설 수 없다. 보고서엔 겨우, 새롭게 발견한 행성의 수와 그것을 이루고 있는 구성 물질과 모 항성을 돌고 있는 위성의 궤도에 대해서만 적어놓았을 뿐이다.

우리 인간은 이미 달에 발을 디뎠고, 머지않아 화성이나, 목성의 적당한 위성 정도에는 갈 수 있을 것이다. 하지만 인간이 태양계를 벗어나는 것은 불가능하다 단정해도 지나치지 않다. 오래전에 발사된 보이저호가 태양계를 벗어나 우주 어딘가를 유영하고 있기는 하지만 거기에는 사람이 타고 있지 않다.

인생사는 수수힌 망원경이 발명되어 태양 외계의 모습도 눈앞에 보듯 생생하게 바라볼 수는 있을 것이다. 외계 생물이 있다면 어쩌면 찾아낼 수도 있겠다. 그 모습은 바라보는 시점의 백만 년 전이나 천만 년 전쯤, 또는 더 오래전의 모습이 될 것이다. 지금부터 그만한 세월이 지나고 난 뒤 우주 생명체가 그쪽에서 지금의 나의 모습을 바라볼 수도 있겠다.

유년의 어느 날 나에게서 반사되어 나간 빛이 아직도 우주 공간 속 어딘가를 유영하고 있을 것이란 생각을 하면 몹시 설렌다. 왜냐하면 그런 맥락에서 보면 나는 이미 영원한 존재이기 때문이다. 나는 사라져도 나의 모습은 결코 사라지는 법이 없다.

지금, 나는 별을 보고, 별은 나를 보고 있다. 내가 우주의 중심임이 드러난다. 모든 것이 나를 위해 존재한다는 깨달음을 얻는다.

## 철이네

가는 것은 가게 두고
오는 것은 오게 두라.


  해거름 길을 걷는다. 길가로 늘어서서 세력을 다투고 있는 크고 작은 나무를 칡넝쿨이 타고 오른다. 그 모습이 언뜻 뒤죽박죽 질서가 없어 보인다. 하지만 안으로 들어가 보면 너무나 정연한 질서 안에 자리하고 있다는 걸 알게 된다.

  오랜 세월이 지나는 동안 사라질 것은 사라지고 나타날 것은 나타나서 서로 타협하여 공존이란 공식을 만들어 내었다. 이 공식은 인간의 개입이 없는 한 결코 깨어지지 않을 것이다. 공존은 공동의 가치를 실현하기 위한 각 개체의 노력의 산물이다.

여기저기서 지저귀는 새들은 물론, 이리저리 얽히고설킨 잡초조차도 이 공식에 따르고 있다. 그들은 서로에게 유익한 범위 안에서 취할 만큼 취하고 버릴 만큼 버린다. 그렇게 계절을 맞이하고 보내면서 조금씩 자신의 꼴을 안정적으로 바꾸어 간다. 어떤 이는 이를 적응이라고 하고 다른 이는 진화라고 한다. 지금 눈에 보이는 이 섬의 풍광도 그런 과정을 거친 것들이다.

언덕에 올라 잠시 멈추어 서서 주위를 둘러본다. 하루 일을 끝낸 태양이 쉴 자리에 들기 위해 막 모습을 감추었다. 그 흔적이 핏빛 노을이 되어 붉게 타고 있다. 아침노을과는 달리 저녁노을은 애처롭다는 느낌이 강하다. 그것은 사라지는 것에 대한 연민 때문일 것이다.

나는 지금 언덕 너머 철이네 집으로 가고 있는 길이다. 저녁을 먹으러 오라는 연락을 받아 둔 터다. 뭔가 특별한 먹을거리가 있거나 혼자 있는 것이 조금 쓸쓸할 거라 여겨지면 이렇게 나를 불러 준다.

내리막길로 들어서자 인기척을 느낀 개가 요란하게 짖어댄다. 집 안의 사람들은 개 짖는 소리만 듣고도 누가 오고 있는지 훤히 안다. 기본적인 정보가 없을 때에는 누구일까 가늠하기도 하는데 그 추측 또한 거의 맞아떨어진다. 철이네도 지금 내가 오고 있다는 걸 눈치 채었을 것이다.

집으로 들어가는 입구에서 가지런히 정리되어 있는 분재를 만난다. 내가 이 섬에 처음 왔을 때, 마을 사람들과 그야말로 일면식도 없었을 때, 혼자 이곳저곳을 탐험한 적이 있었다. 주위의 풍경을 구경하는 척, 골목을 기웃거리며 여느 집안을 엿보기도 했다.

다른 집과는 달리 이 집에서는 별나게도 어떤 가슴 떨림을 느꼈다. 밭가로 또, 담장 위로 정갈하게 놓여 있는 아기자기한 분재가 이국적인 향취를 풍기며 가뜩이나 목말라 있던 나의 감성을 자극했기 때문이다. 분재는 말이 없었지만 많은 이야기를 내뿜고 있었다.

난 문득 이 집에 눈먼 처녀가 살고 있을 거라고 상상했다. 처녀는 가끔씩 밖으로 나와 바다 쪽 담장에 몸을 기대고 파도 소리에 귀를 기울일 것이었다. 뱃고동 소리를 들으며 바다 건너 또 다른 세계, 육지를 그릴 것이었다. 어쩌면 섬을 벗어나고픈 욕망에 꿈을 실현시켜 줄 백마 타고 올 왕자를 기다리고 있을지도 몰랐다.

기다림에 지친 표정 위로 실망감이 스칠 때쯤 파도는 더욱 거세질 것이고 뱃고동 소리는 목이 멜 것이다. 그러면 처녀는 퍼뜩 현실로 돌아와 솟구치는 슬픔을 안으로 삭이며 방으로 들어가 문을 걸어 잠그고 다시 암흑 속에 자신을 던져 넣을 것이다. 그렇게 스스로 단절의 상태로 들어가 거기 머물 것이다.

난 반드시 그 처녀를 만나 보리라 했다. 그래서 그의 내면세계를 엿보고 슬픔의 색깔을 알아내리라 했다. 그런데 아무리 기다려도 안에서는 어떤 기척도 없었다. 곧 그것이 바보 같은 바람임을 알아챘었지만, 살고 있는 사람이 누구든 간에 반드시 만나보아야 한다는 생각에는 변함이 없어 그 뒤에도 자주 들렀다. 그래서 만난 사람이 아늘 노래의 질이다.

철이는 오른팔이 없다. 세 살 때 소먹이 써는 기계에 사고를 당했다. 그 무렵 소는 집안의 큰 재산이었다. 재산을 늘리기 위해 사람들은 앞 다투어 소를 길렀다. 철이네도 그렇게 소를 먹였다.

소먹이를 썰 때 꼭 필요한 것이 작두다. 보통의 경우 손으로 누르거나 발로 밟는 작두를 사용했지만 철이네는 소가 많아 전기로 돌아가는 자동 작두를 구입했다. 그때만 해도 그런 기계를 갖고 있는 집은 욕지면을 통틀어 세 집뿐이었다.

기계는 참 편리했다. 투입구로 풀이나 짚을 넣기만 하면 순식간에 잘게 썰려 배출구로 뿜어져 나왔다. 그런데 기계가 돌아가고 있는 동안 세 살짜리 철이가 순식간에 투입구 깊숙이 팔을 집어넣었던 것이다. 팔은 한 번에 뭉텅 잘리지 않고 소먹이처럼 조각조각 썰려 갔다.

철이 아버지는 이 상황을 도저히 견딜 수가 없었다. 슬픔을 잊기 위해서 날만 밝으면 무작정 집에서 나와 산속으로 들어가 이리저리 쏘다녔다. 해가 지고 깜깜해져서야 집에 돌아와서는 다음 날 새벽에 다시 집을 나서곤 하였다. 그때 시작한 것이 바로 이 분재다. 말하자면 분재는 철이 아버지의 눈물이자 한숨이며 삶을 버티어 낼 힘이기도 했던 것이다.

난 철이네 집에 자주 드나들었다. 거기서 텔레비전도 보고 라면도 끓여 먹고 거실에서 네 활개를 펴고 드러누워 낮잠도 잤다. 어떤 날에는 밤늦도록 놀다가 아예 눌러앉기도 했다. 그렇게 철이와 나는 아주 가까운 친구가 되었다.

철이는 한쪽 팔로도 못하는 게 없다. 돌보고 있는 염소 농장의 울타리를 손수 보수하는 것은 물론, 누구의 도움도 없이 필요한 것을 뚝딱 만들어 쓰고, 고칠 것이 있으면 순식간에 고친다. 낚시도 하고 물질도 하며 보트도 운전하고 도움이 필요한 곳에 손도 보탠다. 그럴 때는 보통 내가 함께했는데, 내가 맡은 역할은 주로 철이가 스스로를 자랑스럽게 여기게 하는 것이었다.

주위가 조금씩 어두워지기 시작한다. 고즈넉한 곳의 어스름은 참 신비롭다. 그 안에 누가 머물든 평화롭고 따뜻한 기운이 흘러나와

안도감이 들게 한다. 거센 바람도 높은 파도도 마음속의 격랑도 이런 어스름 안에서는 순식간에 녹아 사라진다. 이 느낌이 좋아 좀 더 머물다가 방으로 들어간다.

어부인 철이 아버지 덕분에 바다를 통째로 옮겨놓은 저녁 밥상을 받았다. 꽃게 찜과 도다리회가 입맛을 돋운다. 요즈음 꽃게가 비싸고 또 살 삽히지 않는다는 것을 알고 있기에 이런 상을 받기에 미안하다. 하지만 내온 음식을 사양하지 않는 것이 나의 특기인지라 맛있게 먹었다.

한참 놀다가 집에 돌아갈 때가 되어 밖으로 나왔다. 총총한 별들 사이로 북두칠성이 두드러져 보인다. 언덕을 넘는데 문득, 이곳에서 철이네 소를 비롯한 많은 소들이 바다를 내려다보며 풀을 뜯었을 거라는 데 생각이 미친다. 그 소들은 다 어디로 갔을까. 난 두미도에 마지막으로 한 마리 남은 소가 배를 타고 육지로 떠날 때 그를 배웅했었다.

그 소는 내가 머물고 있는 집의 바로 윗집에 살았었다. 내가 가까이 다가가면 그 큰 눈을 끔벅거리며, 고개를 빼어 혓바닥을 길게 내밀고 내 손을 찾아 핥곤 했다. 어떤 계산속도 없이 자연스럽고 친근하며 순수하기까지 한 행동에 끌려 퍽 자주 싱싱한 풀을 한 아름씩 뜯어 들고 찾아갔다. 풀을 맛있게 받아먹은 소는 늘 고개를 흔들어 워낭소리를 짤랑짤랑 내는 것으로 고마움을 표시했다. 얼마 뒤 주인인 할아버지가 세상을 떠나자 소는 더 이상 섬에 머무를 수 없게 되었다.

 소는 배에 오르지 않으려고 필사적으로 버둥대었다. 하지만 하고자 하는 것은 반드시 해내고야 마는 속성을 지닌 인간 앞에서 그런 저항이 무슨 소용인가. 소는 결국 크고 선한 눈에 눈물을 글썽이며, 선착장에 똥으로 마침표를 크게 찍어놓고 섬을 떠났다. 그로 인해 난 며칠간을 우울하게 지냈다. 올 것은 오고 갈 것은 가는 것이 너무나 당연한 세상 이치니 누구를 탓하지는 않았다.

 그 일이 있은 후 나는 주위의 슬픈 일을 대할 때면 스스로를 이렇게 타이르곤 했다. '뒷산에 버티고 앉은 너럭바위가 그렇게 하듯이, 가는 것은 가게 두고 오는 것은 오게 두라.' 그러면 놀랍도록 기분이 활짝 개었다.

 먼 훗날 이곳을 지나는 누군가가 있다면 그도 나처럼 '그 많던 사람들은 다 어디로 갔을까?' 하고 물어볼까. 그럴지도 모른다. 하지만 그는 오래전 내가 철이네 집에 다녀오면서 바로 이곳에서 무심의 가치를 발견하고 혼자 즐거워했다는 사실은 전혀 눈치 채지 못할 것이다.

## 자리다툼

내 땅은 티없이 넓지만
보고 즐기기만 할 뿐
소유권을 주장하지는 않겠네.

두미도에는 멧돼지의 개체 수가 너무 많아 농사에 피해가 크다. 농사짓는 입장에서 보면 심각한 일이 아닐 수 없다. 도대체가 밭에 고구마나 감자 옥수수 같은 작물을 심을 수가 없다. 아무리 잘 가꾸어 놓아도 하루 저녁이면 쑥대밭이 된다.

여러 가지 비상수단을 써 보아도 소용이 없다. 개를 밭에 데려다 묶어 놓고 그물이나 철망으로 울타리를 쳐 보지만 막아내지 못한다. 전기 울타리까지 뚫고 들어오기도 하니 그야말로 속수무책이다.

멧돼지가 다녀간 흔적을 수도 없이 보았다. 고구마 밭을 민망할 정도로 헤집어 놓은 것은 물론이고, 칡을 캐 먹느라 밭둑을 엉망진창으로 만들어 놓기도 했다. 산을 오르는 어느 곳에서는 아예 길조차 끊어 버렸다.

염소의 사체도 보았다. 뿔의 크기로 보아 굉장히 큰 염소였는데 녀석들에게 머리와 가죽만 남기고 모두 뜯겼다. 멧돼지가 육식을 한다는 것도 놀랍지만 이 정도의 포악성을 가지고 있는 줄은 몰랐다. 이 모든 모습들이 단순한 먹이 활동으로 보이지 않고 작정한 반란처럼 보여 섬뜩했다.

민원이 빗발치자 행정 기관에서 엽사를 보냈다. 그는 몇 마리의 사냥개를 데리고 왔다. 앞잡이 개가 냄새를 따라 추격하면 공격 조가 뒤를 따른다. 멧돼지를 따라잡는 순간, 앞잡이 개는 옆으로 빠지고 공격 조가 맹렬히 짖으며 공격을 한다.

이때의 십여 분 정도가 가장 중요하다. 주인이 와서 총을 쏘아 빨리 상황을 종료해야 한다. 사냥개들이 비록 용감하다 해도 싸워서 멧돼지를 제압하는 것은 힘들다. 큰 개체의 경우는 아예 불가능하다. 시간이 지나면 부상을 입는 개들이 속출하며 그때쯤 개들도 전의를 잃기 시작한다.

두미도는 지형이 험하여 가까운 곳에서 상황이 벌어지고 있어도 엽사가 바로 접근하기가 쉽지 않다. 자연, 시간이 지체되어 멧돼지는 제 갈 길로 가 버리고 개들은 꼬리를 내린 채 주인을 원망하며 우왕좌왕한다. 이번 사냥도 결국 그렇게 성과 없이 끝났다.

멧돼지는 번식력이 강해 계속해서 늘어나고 있는 추세다. 어떻게 하면 이 문제를 근본적으로 해결할 수 있을까, 멧돼지나 사람이나 서로의 생존이 걸린 문제여서 다루기가 쉽지 않다. 가장 좋은 방법은 멧돼지 대표와 인간 대표가 만나 주거민 수를 제시하고 그에 따른 경계선을 확성 짓는 것이다. 경계선만 지킨다면 갈등은 저절로 사라질 것이다.

그것은 실현될 가능성이 희박하다. 왜냐하면 인간이 소유권을 주장하며 얼토당토않게 넓은 땅을 요구할 것이 뻔하기 때문이다. 어쩌면 그는 돼지 무리에게 구석진 곳의 손바닥만 한 땅을 내어 주고 철조망을 치고 들어가 다시는 나오지 말라 요구할지 모른다.

돼지로서는 수용이 가능하지 않은 요구다. 생존에 필요한 조건을 제대로 충족할 수 없는데 어떻게 거기에 따를 수 있겠는가. 그리하여 돼지들은 결국, 인간이 자기 땅이라 우기는 그곳을 끝까지 침범해 들어올 수밖에 없는 것이다.

한편에선 야생 동물을 보호한답시고 피난길을 만드네, 먹이를 공급합네 야단법석을 떨면서 또 한편에선 야생 동물들 때문에 못 살겠다 아우성을 친다. 사실 따지고 보면, 사람이 동물을 위해 하는 일도 자비심을 내세우고 그들 위에 군림함으로써 스스로 우월하다 으스대는 것이다.

어떻게 하면 서로 사이좋게 공존할 수 있을까? 방법은 하나뿐이다. 사람이 욕심을 내어 지나치게 넓은 땅을 차지하여 생긴 일이니 그 일부를 원래 주인에게 돌려주면 된다. 아무리 그렇더라도 그것이 현실적인 해결책이 아닌 것만은 확실하다. 그렇다면 해결할 마땅한 방법을 찾아야 한다.

인간의 입장에서는 멧돼지의 개체 수 조절이 최선일 것이다. 적당한 개체 수를 유지하게 함으로써 서로에게 피해를 주지 않고 화목하게 살아가는 것이다. 동물 보호론자들은 생명의 존엄을 내세워 인위적인 개체 수 조절에 반대할 것이고, 거기에 맞서는 사람들은 적자생존의 세상에서 인간이 최상위 포식자이므로 사자가 사슴을 사냥하는 것처럼 지극히 당연하게 여겨야 한다고 주장할 것이다.

양쪽의 의견이 팽팽히 대립되어 있는 사이, 멧돼지는 여전히 산을 내려와서 잘 정리된 밭을 한바탕 욕이라도 퍼붓듯 갈아엎으며 인간의 지나친 소유욕이 끊임없는 문제를 만들어내고 있다고 무언의 항의를 하고 있다. 그리하여 그 흔적을 여기저기 남기고 있다.

나는 그 소송에 휘말리기 싫어 제삼자의 입장을 취하기로 했다. 우선 내 소유의 땅을 충분할 정도로 가지되 소유권을 주장하지 않고 다른 사람이나 동물들에게 조건 없이 개방하기로 했다. 그래서 나의 땅은 끝이 없긴 하시만 모두에게 열려 있어 이런저런 소송에서 자유롭게 되었다.

## 단순하게

등에 진 짐 내려 가볍게 하라.
그리하여 마침내
모든 무게가 다 사라지게 하라.

느린 걸음으로 바닷가를 걷는다. 저 멀리 어선 한 척이 떠가고 갈매기 몇 마리가 머리 위를 난다. 맞은편에 보이는 섬 위로 하얀 길이 넥타이처럼 구겨진 채 내달리고 있다. 파도는 밀려갔다가 다시 힘을 모아 전력으로 달려온다. 그 모습이 뭍으로 기어오르기 위한 몸부림처럼 보인다. 아무리 노력해도 흔적만 남길 뿐 길은 열리지 않는다.

분주하고 요란하나 때로는 장엄하기도 한 파도의 엄청난 힘이 전해져 온다. 바다가 하나의 커다란 생명체임을 깨닫는다. 파도는 바다의 호흡이다. 어류나 패류, 해초들은 이를 통해 영양분을 공급 받는다.

가끔씩 산소 부족 현상이 생기면 태풍이나 해일의 도움을 받아 몸을 크게 뒤척여 공기가 순환할 수 있게 한다. 이런 노력 덕분에 품에 안긴 생명들은 언제나 쾌적하고 편안한 상태로 목숨을 이어 간다. 이서럼 모든 생명은 이오과 연결되어 있다

끝없는 수평선을 바라보면서 바다의 품이 얼마나 크고 넉넉한지 가늠해 본다. 바다는 그렇게 크고 넓어도 한없이 단순하다. 가장 단순한 것이 가장 아름답다. 바다뿐만 아니라 하늘도 그렇고, 눈 온 세상도 그렇고, 초록 들판도 그렇다.

사람도 그 품이 넉넉하고 여유로워지려면 단순해져야 할 것이다. 여러 일에 얽히거나 많은 것을 가지고서는 절대 단순해질 수 없다. 단순해지려면 모든 것을 다 내려놓아야 한다. 손에 들고 있는 것도 내려놓고, 등에 진 짐도 벗어놓고, 호주머니 속의 자질구레한 것도 꺼내놓고, 옷에 묻어 있는 먼지조차도 털어내야 한다.

이것저것 닥치는 대로 끌어 모아 창고를 채우려 드는 습관에 매여 있으면 오히려 더욱 쪼들리게 된다. 왜냐하면 그런 사람의 창고는 크기가 무한하여 아무리 채워도 비어 보일 것이기 때문이다. 누

군가가 죽은 뒤에 여행 가방 하나에 유품을 다 담을 수 있다면, 난 그가 남긴 업적의 유무를 떠나 넉넉하게 살았다는 평가를 내리겠다.

집 주위로 난공불락의 쓰레기 성을 쌓아 놓은 한 할머니가 TV에 소개되었다. 전기와 수도도 끊어진 지 오래되었으며 누울 자리조차 없는 집 안에는 바퀴벌레와 쥐들이 득실득실했다. 사람이 살 수 있는 최소한의 조건을 완전히 벗어났다.

놀라운 것은 그가, 살고 있는 집을 비롯해 몇 채의 건물을 소유한 알부자라는 것이다. 쓰레기를 다 버리기 전에는 절대, 자신이 얼마든지 냉장고와 세탁기를 사용하거나 수도꼭지를 틀면 더운물이 콸콸 쏟아지는 환경에서 살 만한 수준이라는 사실을 깨닫지 못할 것이다. 왕이 자신의 지위를 알아채지 못하고 평생을 비렁뱅이로 살아간다면 그것만큼 어리석은 일이 어디 있을까.

박물관에 가면 문득, 이런 것들을 모아 둘 필요가 있을까 하는 생각이 들 때가 있다. 아무리 중요한 것이라도 유리관 속에 집어넣으면 본성을 잃어버린다. 나타났다가 사라지는 것이 순리니 사라질 것은 사라지게 두는 게 낫다.

기념관도 마찬가지다. 사람의 행적과 정신은 몇 줄의 글로 남기면 그만이다. 부족하다 여겨지면 사진 몇 장 첨부해도 괜찮다. 세월이 남긴 찌꺼기들을 모두 박제하여 그것을 위한 집을 지을 필요는 없다. 그 순간 가려져 있던 불순한 의도가 크게 부각된다.

단순하게 사는 데 가장 큰 방해가 되는 것이 광고다. 먹고 마시고 입고 꾸미는 것에 대한 광고는 이미 도를 넘었다. 그런 것들이 정말로 다 필요한 걸까? 그런 것들 없이도 지금껏 잘 살아오지 않았는가. 무엇이든 많으면 많을수록 오히려 마음이 산란시고 신민해진다.

광고가 입맛을 바꾸었다. 광고에 따라 구미에 당기는 것만 찾아 지나치게 먹으려 한다. 이런 경향은 과식을 불러오고 소화 불량을 일으키며 비만을 부추긴다. 그것이 건강에 좋을 리가 없다.

복잡함에 길들여진 입맛을 간결하게 되돌려 원래의 입맛을 찾게 해야 한다. 그러려면 기존의 것을 버리고 새로운 것을 취하는 수밖에 없다. 인위적인 맛을 내는 즉석식품을 멀리하거나, 조리 과정을 최대한 줄여 음식을 만들며, 자연 재료 그대로도 훌륭한 음식임을 인정하고 받아들이는 것도 한 방법이다.

입는 것도 필요와 취향에 따라 입되 단순화시키는 것이 좋다. 광고에 의존하게 되면 지난 옷은 유행에 뒤처진 것처럼 여겨져 다시 새것을 선택하게 된다. 다른 사람의 눈을 지나치게 의식하는 사람도 마찬가지다. 그런 사람은 옷을, 자신을 위해서 입지 않고 다른 사람을 위해서 입는다. 그러면 옷들이 쌓이고 또 쌓여도 늘 부족하게 여겨진다.

대부분의 경우 옷장 속에 너무 많은 옷이 무질서하게 자리 잡고 있다. 그런 옷들을 분류하고 정리하여 입지 않을 옷은 과감하게 버리는 것도 지혜다. 이때 '혹시나'하는 마음도 함께 버려야 한다. 옷을 가장 잘 정리하는 방법은 옷을 옷장째 버리는 것이다.

이곳으로 오면서 최소한의 것만으로 단순하게 살아 보자 다짐하고 짐을 쌌는데 기억나는 대로 열거하면 이렇다.

휴대폰과 충전기, 미니 노트북, 원고지, 볼펜 세 자루, 책 다섯 권, 수건 석 장, 입고 있는 옷 외에 갈아입을 옷 한 벌, 속옷 두 벌, 등산복 한 벌, 체육복 바지, 반바지, 모자 두 개, 장갑 한 켤레, 손수건, 양말 세 켤레, 전기장판, 요, 이불 얇은 것과 두꺼운 것, 베개, 등받이 큰 베개, 신고 온 운동화, 샌들, 슬리퍼, 피리 두 개, 우산, 면도기, 햇빛 차단 마스크, 로션, 선크림, 연고 세 개, 작은 가위, 작은 칼, 일인용 전기밥솥, 전기포트, 야외용 가스레인지, 가스 다섯 통, 그릇 세 개, 숟가락 젓가락 각각 두 쌍, 냄비 두 개, 보온 컵, 머그 컵, 비누, 칫솔, 치간칫솔, 치약, 손톱깎이, 빗, 휴지, 물티슈 등 각종 생활용품과 자질구레한 것을 담을 플라스틱 통 하나와 서랍장, 작은 가방과 배낭 등이다.

  그 외의 것은 시장이나 가게, 백화점에 보관료 없이 맡겨 놓았으므로 필요할 때마다 찾아 쓰면 될 것이다. 지금 갖고 있거나 앞으로 갖게 될 물건도, 없으면 절대 안 될 정도의 필요성이 보이지 않으면 즉시 누구에게 주든지 버리든지 하여 처분하기로 했다.

  나의 생각은 이렇다. 어떻게든 줄일 수 있는 데까지 줄여, 마침내 내가 가진 모든 것의 목록을 손바닥 위에 큰 글씨로 쓸 수 있을 정도가 되게 하자.

# 음식

건강을 위한 가장 좋은 영양소 세 가지
간소한 음식, 검소한 생활 습관, 그리고 걷기.

섬에 머물며 식사는 최대한 간소하게 해결했다. 반찬을 세 가지 이하로 제한하고 그것도 텃밭에서 나는 채소에 더하여 집 주위에 지천으로 널려 있는 야생 나물과 바닷가에 나가 금방 따 올 수 있는 해초들을 주로 이용했다.

그들은 채소 외에 왕고들빼기, 민들레, 엉겅퀴, 쇠비름, 방풍나물, 미역, 톳, 모자반 등이다. 그런 것들이 눈에 띄면 한 줌씩 뜯어 와서 살짝 삶아 된장에 무치거나 초장에 찍어 먹으면 아주 훌륭했다. 맛을 내기 위해 인공 조미료를 사용하지 않았고 너무 기름지게 조리

하지도 않았다.

　난 개인적으로 조리법이 복잡한 음식은 순수하지 못하다고 생각하고 있다. 맛을 강요하는 배경 뒤에는 반드시 어떤 욕심이 자리하고 있기 마련이다. 인간을 제외한 어떤 동물도 인위적으로 맛을 낸 식품을 섭취하지 않는다. 그래도 모두 최상의 건강을 유지하며 살아간다.

　또한 너무 많은 재료를 조합하여 새롭게 만들어 낸 맛은 건강하지도 않다. 그런 맛은 식욕을 부추겨 자꾸만 먹게 만들 뿐이다. 그에 비해 금방 뜯어 와 된장에 쿡 찍어 먹는 풋고추와 오이, 초장에 버무린 톳이나 미역 맛은 얼마나 참신하고 건강한가. 가장 좋은 요리책은 산이나 텃밭, 바다 등의 자연이다.

　신체 기관은 오랜 세월 외부로부터 들어오는 음식물의 특징을 나름대로 판단하고 분석하여 몸에 맞도록 길들였다. 그것은 꾸준히 섭취해온 음식물이 몸에 가장 좋은 영향을 미치도록 인체가 변화되어 왔다는 말과 통한다. 그러므로 좋은 음식물은 조상 대대로 내려오는 음식물이라 해도 과언이 아니다. 자연에 바탕을 둔 소박하고 간소한 식사는 이 사실에 근거하고 있으므로 꽤 합리적이라 할 수 있다.

　사람의 몸은 이 세상 어떤 기계보다 정교하고 훌륭하게 설계되어 아주 적은 연료로도 큰 에너지를 낼 수 있다. 그러므로 요란스레 너스레를 떨 필요가 없다. 주위의 것을 잘 활용하기만 해도 먹는 문제를 만족스럽게 해결할 수 있다. 목숨을 부지하기 위해 지불하는 비용은 실로 보잘것없다.

거의 대부분의 시간을 먹잇감을 찾아 헤매는 다른 동물과 달리, 조물주가 사람에게 이런 특권을 준 것은 나머지 시간에 만물의 영장으로서 가치를 높이는 데 힘쓰라는 뜻일 것이다. 그런데 많은 사람들은 먹는 문제를 해결하느라 거의 지쳐 쓰러지려 한다. 간소한 식생활을 실천해야만 깊고 끈질긴 그 수렁에서 빠져나올 수 있다.

어떤 사람은 나의 방식대로 음식을 섭취하다가 영양실조에 걸릴지 모른다고 걱정할 수도 있겠다. 그것은 신선한 공기와 검소한 생활 습관, 기분 좋은 운동을 제외한 영양 계산법에 따랐기 때문이다. 거기엔 눈에 보이지 않는 필수 영양소가 골고루 들어 있다.

사람들은 이런 사실을 무시하고 영양학자의 말만 따라 영양소의 균형을 맞추려고 혈안이다. 영양학자는 분석을 한답시고 음식을 조각조각 갈라서 맛이 없게 만들어 놓았다. 감히 말하는데 산과 들과 바다에서 나는 몇 가지 식품만으로도 영양은 충분하다.

음식에 관한 한 의사나 영양학자의 말에 따르는 것보다 몸의 요구에 따르는 것이 현명하다. 간소한 식생활의 바탕 위에서 몸은 무엇이 필요한지 정확하게 알고 있으며 입맛을 통하여 메시지를 전한다. 입맛이 당기면 구해서 먹되 그렇지 않으면 억지로 취하지 말아야 한다.

영양 계산식을 적용하여 마련한 밥상은 오메가쓰리를 콩처럼 섞어 밥을 짓고 비타민제를 조미료처럼 녹여 국을 끓여 차린 밥상과 크게 다르지 않을 것이다. 그런 것들이 무슨 맛이 있겠으며 몸에 뭐가 좋겠는가! 몸에 좋은 것은 타고난 입맛에 당기는 것이다. 고양이가 쥐를 먹듯 소가 풀을 뜯어 먹듯 그렇게 말이다.

어머니와 아버지는 평생을 밥과 나물과 제한된 몇 가지 반찬만 먹고 사셨다. 건강에 그렇게 좋다는 견과류는 그런 것들이 이 세상에 존재하는지조차 몰랐다. 의사나 영양학자의 눈으로 보면 기가 막힐 노릇이겠지만 구십을 지나 백이 가깝도록 병치레 없이 아주 건강하게 사셨다. 산책길에서 만난 야생 염소도 몇 종류의 풀만 먹고도 너덜길이나 가파른 절벽을 바람처럼 달리며 솟아나는 힘을 과시한다.

나는 늘 먹는 나물 반찬 한두 가지의 지극히 소박한 밥상을 천상의 잔칫상이라 부른다. 햇볕과 바람과 비가 힘을 합쳐 공들여 키워낸 재료들로만 차린 밥상이니 그 말로는 오히려 부족할 듯하다. 아무나가 아니라 곁에 머무는 자만이 이런 상을 받아 볼 수 있을 테니 더욱 기쁘다.

입에 꼭 맞는 이 음식들이 몸과 마음을 살찌울 것이다. 필요로 하는 모든 영양소가 골고루 흘러나와 세포 하나하나에 가득가득 스며들 것이다. 이로 인해 에너지를 얻어, 길을 걷고 또 걸으며, 나무와 어깨동무를 하거나, 새나 벌레들과 대화도 할 수 있을 것이다.

나는 하루에 두 끼를 먹었으며 필요한 양 이상은 취하지 않았다. 그렇지만 몸의 요구에 따라 육류가 생각나면 이웃과 함께 삼겹살 파티를 열거나 분위기를 봐서 육지로부터 통닭을 배달시켜 먹기도 했다. 보통은 채소 몇 가지만 곁들인 제한된 밥상이었시만 선제석으로 보면 골고루 갖춘 풍성한 밥상이었다.

또, 나는 심심할 때면 혼자만의 실험을 하곤 했다. 이 실험은 쉽고 단순했으며 어떤 면에서는 재미도 있었다. 그것은 하루 내내 한 가지 음식만 먹는 것이다.

어느 날 아침에 눈을 떴을 때 이웃이 준 넉넉한 양의 찐 옥수수가 눈에 띄었다. 문득 '저걸 언제 다 먹지?' 하는 생각이 스쳤다. 그 순간 '오늘 하루 옥수수만 먹고 살아 보자.' 했다. 실험은 그렇게 시작되었다.

그 뒤로도 몇 번 옥수수나 감자, 고구마만으로 하루씩 살아 보았다. 실험은 그리 어렵지 않았으며 오히려 신선한 느낌마저 들었다. 혹시나 부족했을지 모를 영양소는 다음 날의 식사를 통해 채워졌음은 물론이다.

지금 집 앞 텃밭에는 당장 상에 올려도 좋을 채소가 싱싱하게 자라고 있으며 밭둑이나 산기슭에 냉이와 취나물이며 씀바귀 잎김귀 민들레 왕고들빼기 방풍나물 등이 지천이다. 자연은 이렇게 늘 은둔자의 건강을 걱정하며 자비를 베푼다. 내가 미래에 무엇을 먹고 어떻게 살까 걱정하지 않는 것도 자연의 자비를 믿기 때문이다.

# 낙원

그대가 만들라.
자유로 뼈대를 세우고 평화로 회칠하라.
분노의 감정이 드나들지 못하게
자아 포기로 방벽을 치라.


 알람이 울린다. 이웃에 차를 마시러 가기로 한 시간이다. 이 시간이 참 좋다. 읽고 있던 책을 덮고 밖으로 나가 기지개를 켠다. 몸을 이리저리 움직여 스트레칭을 하고 깊은 호흡도 몇 번 한다.
 대나무 숲에 멧새 몇 마리가 날아와 왜 빨리 안 가고 꾸물거리느냐며 나무란다. 그러거나 말거나 담장을 넘어온 나무 잎사귀를 툭툭 치며 딴전을 피우다가 하늘에 둥둥 떠 있는 하얀 구름으로 퍼즐도

맞추어 본다. 빨랫줄에 날개를 접고 앉은 노랑나비에게 몇 마디 말도 건넨다.

아래쪽으로 두루마리 펴지듯 바다가 펼쳐져 있다. 가랑잎처럼 떠 있는 배 두 척이 눈에 들어온다. 고요하다. 물이 빠지는 시각에 맞춰 바닷가로 나가 해안선을 따라 걸어 봐야겠다고 생각한다. 꼬마 게나 그게, 소라, 갯강구 놈이 사는 새분은 보내 이곳이 시구의 한 귀퉁이임이 실감난다.

천천히 걸음을 옮겨 대문 밖으로 나간다. 담쟁이덩굴이 무성한 담장 아래로 도랑이 있고 그 위에 돌다리가 놓였다. 집과 세상을 이어주는 돌다리가 오늘따라 더욱 정겹다. 도랑은 비가 올 때마다 졸졸졸 종알거리며 숲의 이야기를 실어 나른다.

차 마시러 가는 집까지는 천천히 걸어 삼사 분 걸린다. 먼저 골목길을 지나야 한다. 나의 모습이 보이자 돌담 길 따라 피어 있는 풀꽃 병사들이 열병식을 준비한다. 살짝살짝 향기를 풍기며 몸가짐을 바로잡는다. 품속에는 나팔수로 임명한 작은 곤충들을 숨겨 두고 있다.

어깨를 쭉 펴고 장군이 된 듯 씩씩하게 걷는다. 가끔씩 손을 뻗어 수고한다는 뜻으로 병사들의 얼굴을 만져 준다. 장군의 손길을 느낀 병사들은 자랑스러워하면서도 부끄러워 고개를 돌린다. 손길을 거두면 고개도 원래대로 돌아온다. 우리의 친교는 매일 이런 식으로 이루어진다.

돌담 사이에서 등딱지가 유난히 반짝거리는 곤충 한 마리가 나팔수의 역할을 포기하고 기어 나와서 자신은 사열단에 참여하겠다고 한다. 손을 번쩍 들어 허락의 뜻을 표시한다. 녀석은 기쁨으로 몸을 떨며 휘이익 날아 앞쪽으로 자리를 옮긴다.

짧은 열병식을 끝내고 조금 내려가서 샛길로 접어든다. 여기엔 풀이 무성하여 헤치고 걸어야 한다. 엉겅퀴, 인동덩굴, 마삭줄, 구절초, 들국화, 머위, 쑥, 명아주, 비름 등이 서로 세력을 다투고 있다. 햇볕이 더 필요한 녀석들이 경쟁적으로 고개를 빼는 바람에 걷는 데 방해가 될 정도가 되었다.

섬에서 유일한 예배당을 지나 몇 발짝 내려가면 언덕 아래 아담한 목조 건물이 있다. 외양이 섬의 풍광과 잘 어울린다. 바다와 산기슭을 한꺼번에 받아들이고 있는 거실도 있다. 거기가 내가 차를 마시러 가는 집이다.

오늘 마시기로 한 차는 헛개나무차다. 차에 별로 관심이 없어 스스로 끓여 마시지는 않지만 권하면 거절하지 않는다. 한때는 품위 있게, 우리 고유의 차인 녹차를 다도에 따라 즐겨 볼까 하다가 다기를 다루는 게 번거롭게 여겨져서 그만두었다. 차 마시는 즐거움이 번거로움에 대한 저항감을 넘어서지 못했다.

앞에 놓인 찻잔을 들어 한 모금 마시며 맛을 본다. 헛개나무 향이 참 개운하다. 사람들은 이런 맛 때문에 습관적으로 차를 마시는 건가 했다. 하지만 차 한 잔이 내 앞에 오기까지의 과정을 떠올려 보니 나 자신이 그런 습관에 배이고 싶지는 않다.

세상 살아가는 이야기를 나눈다. 일상의 일부터 대화가 시작되어도 가끔씩 큼직한 사상이 도마 위에 오르기도 한다. 사상에 관해서는 이야기가 자칫 추상적이거나 관념적으로 흐르기 쉽지만, 분류하고 분석하여 비판하는 방법을 피해가면 복잡하지 않게 대화를 끌고 가서 간결하게 마무리할 수 있다.

주인 내외의 가치관은 한마디로 '그냥 살아간다'다. 어떤 특별한 계획도, 아무런 욕심도 없이, 주어진 삶에 만족하며 순간순간을 사는 것이다. 고귀한 삶을 무책임하게 대면하는 것 같아 보여도, 이야기가 깊어지면 결국 그것이 가장 높은 차원의 가치임을 인정하게 된다. 본질적인 삶 이외의 곁가지를 하나도 남김없이 단호하고 말끔하게 제거한 순수한 상태가 환히 보인다.

나 또한, 있으면 먹고 없으면 굶겠다는 다짐을 한 지 오래되었다.

그 후에 아주 조금씩, 비늘이 벗겨지듯 마음 안에 깊이 자리한 욕심들이 떠나갔다. 아직 진행형이긴 하지만 그 과정을 지켜보며 얼마나 흡족해했던가. 좀 더 노력하면 이런 태도가 골수로부터 우러나와 삶의 어떠한 상태도 기쁨으로 승화시킬 수 있을 것이다.

보통의 대화는, 잘 이어져 나가다 생의 마지막 부분 즉, 약해지거나 병드는 시점에 이르러서 단절되곤 한다. 그때 필요한 경비를 비축해 두지 않으면 안 된다 생각하기 때문이다. 아쉽게도 이것이 함정이다. 생각을 바꾸어 늙고 병들면 조금 고생스럽더라도 그냥 버티다가 때가 되면 가야 할 곳으로 가겠다고 치부해 버리면 훨씬 자유로워진다.

차를 마시고 대화도 나눴으니 이제 집으로 돌아가야 한다. 민들레꽃을 따서 홀씨를 입으로 후후 불며 걷는다. 낙하산처럼 동동 떠가는 이 씨앗들은 운명이 요구하는 대로 땅 위에 안착하여 새로운 민들레꽃을 피워 낼 것이다. 방금, 선한 대화를 통해 내 가슴에도 씨앗이 뿌려졌으니 이 녀석들도 곧 싹을 틔울 것이다.

차를 마시러 가곤 하는 집에 이름을 붙이고 싶어진다. 밝고 희망적이며 세련된 이름이면 좋겠다. 어떤 이름을 붙여 주면 그곳은 이름에 어울리는 의미를 갖게 될 것이다. 꽃도 이름을 불러 주기 전에는 하나의 몸짓에 지나지 않는다는 시도 있지 않은가.

여러 가지 이름을 끌어와 어떤 것이 어울리나 의미를 새기며 꼼꼼하게 살핀다. 집에 도착하기 전에 한 이름이 가슴에 꽂힌다. '낙원'. 정말 아름답고 마음에 드는 이름이다.

낙원은 스스로 만들어야 한다. 아주 쉽다. 그 안에 자유와 평화를 가득히 채우면 된다. 사실 방해되는 것이 분노의 감정이다. 이 녀석을 안에 들이지 않게 하기 위해서는 자신을 완벽하게 포기해야 한다. 자기 포기는 자유와 평화의 다른 표현이다.

우리는 모두 낙원에 살아야 한다. 이 세상에 목숨을 가지고 태어났다는 사실 하나만으로도 그럴 만한 자격이 충분하다. 하물며 만물의 영장이라는 사람으로 태어나지 않았는가. 사실 인간의 첫 세상도 낙원이었다.

어쨌든 내가 이름을 붙여 주어 그 집은 정말로 낙원이 되었다. 이제 차를 마시러 낙원으로 갈 것이고 이름을 지어 준 사람의 자격으로 낙원의 모든 혜택을 누리게 될 것이다. 마음이 뿌듯하다. 이름 하나 붙여 주었을 뿐인데 이렇게 흡족해지다니!

# 갈등

바람이 불면
문을 닫아라.

  책상 앞에 앉아 명상에 잠긴다. 나의 명상은 주로 바깥에서 들려오는 소리에 귀를 기울이는 것으로 시작된다. 늘 그렇듯 가장 먼저 들려오는 소리는 파도 소리다. 오늘은 보통 때보다 훨씬 조용하다.

  파도 소리 하나만으로도 많은 걸 알아챌 수 있다. 회관 앞 게양대의 태극기는 고개를 떨구고 있을 것이고, 아랫집 빨랫줄에 거꾸로 매달려 꾸덕꾸덕 말라가는 도다리는 요동을 멈추었을 것이며, 바다 위의 배들은 수면을 미끄러지듯 내달리고 있을 것이다.

  갑자기 담장 너머서 개 짖는 소리가 들려온다. 김치란 이름의 윗

집 개다. 덩치가 고만하고 털이 잔잔하며 처진 귀와 몸에 비해 유난히 짧은 다리의 모양새로 보아 비글이나 닥스훈트의 한 종류가 아닌가 생각된다.

어쨌든 나는 이 녀석과 친해지기 위해 무척이나 많은 공을 들였다. 멸치나 육포 등 먹을거리를 챙겨 두었다가 녀석이 보이면 던져 주곤 하였다. 김치는 넙죽넙죽 잘도 받아먹었지만 가까이는 오지 않고 항상 일정한 거리를 유지했다. 녀석을 내 앞에 링 위의 케이오당한 사람처럼 드러눕히고, 머리를 쓰다듬어 주거나 목덜미와 배를 긁어 주리라는 계획을 결국 포기할 수밖에 없었다.

김치가 주로 하는 일은 나처럼 이곳저곳 기웃거리며 쏘다니는 것이다. 무슨 볼일이라도 있는 듯 이 골목 저 골목 헤집고 다니다가 바닷가로 나가 사람들 주위를 얼찐거린다. 해초를 널거나 그물을 손질하는 사람 주위를 맴도는 모습이 꼭 일에 참견하는 것처럼 보였다.

'저런, 그게 뭐야? 이봐. 그건 그렇게 하는 게 아니야.' 하는 말이라도 하듯 고개를 갸웃거리다가 짧은 발을 종종거리며 곁을 스쳐 지나간다. 사람들도 반쯤은 인간화되어 있는 이 개의 참견을 싫어하지는 않았다. 먹을 걸 챙겨 주거나 거친 농담을 던지기도 하며 진짜로 반쯤 사람인 양 대해 주었다.

꽤 오랜 시간이 지나도 김치의 왈왈 짖는 소리가 그치지 않았다. 어떤 조치를 취하지 않으면 안 될 것 같아 밖으로 나가 담장 너머로 보니 밭 가운데 김치가 서 있고 그 조금 앞, 밭가의 환삼덩굴 속에서 고양이 한 마리가 고개를 빠끔히 내밀고 있다. 둘은 대치 상태였다. 고양이의 모습에서 '그래, 너 잘 만났다, 덤빌 테면 덤벼 봐.' 하는 뜻이 읽혔다.

고양이와 개의 싸움이라니! 김치가 아무리 작다 해도 개는 개 아닌가! 불과 며칠 전에는 이장님 집 개 몽돌이가 목줄에 묶인 채 누워 있다가 자신의 곁으로 지나가는 고양이를 덥석 물어 죽이는 걸 똑똑히 목격했었다.

나는 이 싸움에 흥미를 느꼈다. 헥토르와 아킬레스의 싸움이 연상되어 어떤 결말을 맺게 될지 두고 보리라 했다. 이는 한 고양이와 개의 작은 싸움이 아니라 한 종족과 다른 종족의 커다란 전쟁이었다. 어떻게든 싸움의 끝이 올 것이고 그러면 트로이의 운명이 결정될 터였다.

하지만 아무리 기다려도 싸움에 진전이 없었다. 고양이는 쏘아보기만 했고 김치는 짖기만 할 뿐이었다. 둘 사이의 거리는 단 일 센티미터도 좁혀지지 않았다. 양쪽에서 서로를 만만하게 여기고 있음이 분명했지만 먼저 달려들 뜻은 없어 보였다.

왜 싸우게 되었을까. 아마 아주 사소한 갈등 때문일 것이다. 트로이 전쟁도 한 사람의 분노에서 비롯되었지 않았던가. 어쩌면 가고자 하는 길을 방해받았거나, 아니면 상대의 행동이 그냥 미워 보였을지도 모른다. 아무리 그래도 이렇게 날카롭게 날을 세울 필요까지는 없을 것 같다. 이는 분명 서로에게 상처만 입힌 뿐이며 그로 인해 얻는 소득은 아무것도 없을 것이다.

고양이 입장에서는 깔깔이풀이라고도 불리는 환삼덩굴의 잎자루와 줄기의 잔가시에 몸을 상하거나 사짓 죽음에 노출될지도 모르며, 김치의 입장에서는 분명 자신보다 훨씬 작고 약한 동물과 맞섬으로써 개의 체통과 품위를 떨어뜨리고 있는 것이다. 그 외에도 서로의 뇌리에 선하지 못한 기억이 새겨질 것이다. 그런 기억이 쌓이면 거기 비례하여 삶이 어두워지기 마련이다.

인간의 다툼도 이와 별반 다르지 않다. 이 작은 섬에서도 그런 다툼을 심심찮게 보아왔다. 한 발짝만 옆으로 비켜서면 만사가 해결될 텐데 서로 엉겨 붙어 죽네 사네 한다. 어떤 경우에는 고소와 고발로 이어져 그 여운을 수십 년씩이나 끌고 가기도 한다. 어리석은 일인 줄 알면서도 그렇게 할 수밖에 없는 것은 갈등을 이성적으로 통제

할 힘을 상실했기 때문이다.

따지고 들어가면 갈등은 상대의 행위나 말에 대한 해석에서 생겨난다. 어떻게 해석하느냐에 따라 반응이 갈려 갈등이 되기도 하고 친교가 되기도 한다. 고양이는 김치가 꼬리를 흔드는 행위를 공격으로 해석했을지 모르고, 김치는 고양이의 가르릉거리는 소리를 협박으로 해석했을지 모른다.

어쨌든 이쯤에서 싸움을 말리기로 했다. 어떻게 하면 서로에게 상처를 주지 않고 싸움을 그치게 할까 궁리하며 대문 밖으로 나섰다. 그런데 갑자기 고양이가 번개처럼 민첩한 동작으로 환삼덩굴 속으로 들어가 자취를 감추고 말았다. 담장 위 나의 모습을 마뜩잖게 여기며 긴장 속에서 살피고 있다가 내가 걸음을 옮기자 승산 없는 이 싸움을 그만 끝내기로 작정한 모양이었다. 내가 김치 편이 분명하다고 나름 결론을 내리고 있었던 듯했다.

고양이가 사라지자 김치는 머쓱한 표정을 짓더니 가던 길을 갔다. 트로이의 전쟁은 이처럼 싱겁게 막을 내렸다. 인간의 입장에서도 갈등 없이 산다는 게 얼마나 축복 받은 일인가 다시 한 번 깨닫는다. 갈등은 필연적으로 분노를 불러오며 그것이 거룩하지 않은 이상 서로에게 독이 될 것임이 뻔하다.

생존과 번식만이 삶의 목적인 동물과는 달리, 가치를 추구하는 인간은 이런 분란을 이성적으로 통제할 수 있어야 한다. 상대편이 아무리 으르고 윽박질러도 이쪽에서 이성의 통제에 따른다면 갈등이 생겨날 리가 없다. 마르쿠스 아우렐리우스의 명상록에 나오는 말이 더욱 크게 다가온다.

"어떤 오이는 맛이 쓰다. 그것은 버리면 된다. 길 가운데 가시넝쿨이 있다. 그것은 비껴가면 된다. 왜 그런 것들이 세상에 존재하는지 불평해서는 안 된다."

이 말은 결국 바람이 불면 문을 닫으란 말이다. 또, 비가 오면 우산을 쓰라는 말이다. 그와 맞서면 스스로만 상할 뿐이다.

# 2
# 여름

# 등대

> 모든 것을 주인에게 떠넘기고
> 그대는 단지 꼬리만 흔들라.

등대는 '낙원'의 개다. 백구로 진돗개다. 진돗개는 주인 외에는 잘 섬기지 않는 습성이 있기 때문에 사귀기까지 여러 날이 걸렸다. 처음에는 육포나 생선 뼈 따위로 환심을 샀고, 나중에는 식사 당번을 자청하여 먹이를 챙겨 주었다. 덕분에 나도 주인의 반열에 오르게 되었다.

차를 마시러 갈 때면 등대의 집을 지나야 한다. 내가 보이면 등대는 작은 나무토막을 찾아 입에 물고 꼬리를 흔들며 가까이 다가오기를 기다린다. 나무토막은 나에게 잘 보이고 싶다는 마음의 표시다.

등대가 어렸을 적, 함께 기르던 개가 사람에게 뛰어오르고 핥는 정도가 지나쳐, 행동을 교정하기 위해 잠깐씩 나무토막을 물리곤 했는데 그걸 보고 배웠다 한다. 등대 입장에서는 입에 나무토막을 물고 있으면 주인이 좋아한다고 받아들인 것이다.

등대는 마음을 다하여 나를 환영한다. 꼬리를 살랑살랑 흔들고 빙글빙글 돌며 춤을 추다가, 펄쩍펄쩍 뛰어오르고 때로는 벌렁 드러눕는다. 목줄이 허락하는 범위 안에서 반가워 못 견디겠다는 듯이 이쪽저쪽으로 뛰어다닌다.

등대의 행동에는 조금의 가식이나 거짓이 없다. 마음에서 우러나와 그렇게 한다. 비가 오나 눈이 오나 바람이 부나 번개가 치나 등대의 행동은 한결같다. 그런 행동은 기분에 좌우되지 않으며 상대의 태도에도 전혀 영향을 받지 않는다. 사랑하고 존경하여 최선을 다해 환영할 뿐이다.

내가 등대에게 그런 대접을 받을 만한 자격이 있는가 생각해 본다. 아니다. 등대를 향한 나의 관심은 일시적이고 제한적이며 때로는 계산적이기도 하다. 진심으로 좋아해 줄 때도 있긴 하지만 대부분 의무감에서 머리를 쓰다듬거나 핥을 수 있도록 손바닥 한번 내어 주는 게 다다.

어떤 때는 손을 씻고 옷을 털 일이 귀찮아 못 본 척 그냥 지나치기도 한다. 나 같으면 머쓱해할 텐데 등대는 막대를 입에 문 채 그냥 물끄러미 바라만 볼 뿐이다. 반기는 감정 이외의 감정은 결코 개입시키지 않는다.

가끔씩 산책을 할 때 등대를 데리고 간다. 멧돼지가 나올지도 모르는 길에 등대와 동행하면 안심이 된다. 등대가 앞장서고 내가 뒤따른다. 등대는 내내 코를 킁킁거리며 무언가의 냄새를 맡으려 한다. 집중적으로 탐색하는 자리도 있는데 그곳에는 어김없이 영역을 표시한다.

등대 때문에 걸음이 느려진다. 급한 일도 없으므로 상관하지 않는다. 오히려 더 느긋해져 여유가 생긴다. 잠시 등대에게서 관심을 거두고 바다를 바라보거나 나무나 풀꽃과 눈인사를 나누며 걷기도 한다.

등대는 길의 어느 부분에 다다르면 흥분하기 시작한다. 그곳에 야생 염소가 살고 있어 야성의 본능이 꿈틀대는 것이다. 염소를 찾아 공격하기 위해 날뛰기 때문에 목줄을 단단히 잡고 있지 않으면 안 된다. 한때는 목줄을 풀어 주고 염소를 잡아 볼까 생각하기도 했지만 한 번이라도 염소를 문 경험이 생기면 집에서 기르는 염소까지 공격한다는 말을 들은 적이 있어 그만두었다.

경치가 좋은 곳에 다다르면 목줄을 나무에 묶어 두고 앉아서 한참을 쉰다. 먼 곳을 바라보며 생각에 잠기거나 피리를 불며 시간을 끌어도 등대는 참고 기다려 준다. 예상한 시간보다 길다 싶으면 곁으로 다가와서 손을 핥으며 어서 가자 보챈다. 그래도 가만히 있으면 머리로 떠받으며 내 몸을 일으키려 애쓴다.

산책에서 돌아와 등대를 매어 놓으면 빤히 올려다본다. 그 눈빛이 너무나 간절하여 금방 자리를 뜰 수 없다. 어떻게든 함께 시간을 좀 더 보내야 될 것 같은 마음이 들어 한참을 더 놀아 준다.

등대와 노는 방법은 간단하다. 손가락으로 총 쏘듯 "빵!" 소리를 내며 배를 찌르면 뒤로 벌렁 드러눕는다. 여기저기 몸을 긁어 주고 토닥토닥 두드려 준다. 또 키 높이로 팔을 올리면 펄쩍 뛰어 앞다리를 걸친다. 그럴 땐 둘이 마주 보며 이야기를 나눈다.

난 주로 "옳지.", "그래.", "나도 사랑해." 등의 말을 한다. 등대는 혓바닥으로 내 손을 핥으며 꼬리를 흔든다. 내가 저를 사랑하는 것보다 저가 나를 백배 천배 더 사랑한다는 표시다.

간식을 입 가까이 가져가서 "기다려!" 하면 먹지 않고 기다린다. 가끔 냄새에 식욕이 동하여 슬쩍 먹으려고 할 때도 있다. 눈을 부라리면 움찔 놀라며 뒤로 물러선다. 도저히 참을 수 없는 경우에는 명령을 거부하여 먹는 대신 고개를 돌려 외면하거나 한발 뒤로 물러서는 것으로 위기를 모면한다. 주인에 대한 이런 무조건적인 복종심을 알고 있기에 오래 기다리지 못하고 금방 "먹어!" 하고 명령을 내린다.

이런 등대를 보면 생각이 많아진다. 주인에 대한 절대적인 신뢰와 의탁은 어디에서 왔을까. 그로 인하여 사랑을 얻게 되고 그 보상으로 잠자리와 식사를 제공 받고 있으니 놀라운 조화다. 그게 다라면 별로 특별할 것도 없다. 그 외의 삶에 수반되는 모든 것들, 이를테면 예방 주사나 챙겨 먹어야 할 약, 비가 새는 집의 수리, 이리저리 생겨나는 자질구레한 일, 심지어 오물 처리까지 주인이 대신해 준다.

개의 입장에서 보면 걱정해야 할 일이 전혀 존재하지 않는다. 할 일은 오직 꼬리를 흔들며 반기는 것뿐이다. 그것이야말로 스스로도 원하던 바니 오히려 행복한 일일 것이다.

내가 등대의 주인이듯 나의 주인은 누구인가? 배고플 때 먹여 주고, 잠이 올 때 재워 주며, 위기의 순간마다 손을 잡고 안전한 곳으로 이끌어 주는 그는 누구인가? 유혹으로 흔들릴 때 귀에 대고 조용히 타이르며, 발길이 그릇된 방향으로 향하면 안타까워 속마음까지 휘저어 놓는 그는 누구인가?

눈에는 보이지 않지만 삶을 요리조리 이끌어 가며 자신의 뜻에 복종하게 하려는 특별한 무엇, 그가 나의 주인임에 틀림없다. 그는 주인이면서도 나의 자유의지는 절대로 간섭하지 않는다. 그래서 나는 가끔씩 주인의 의도와는 다르게 움직일 때도 있다. 그때는 여지없이 후회가 밀려온다.

등대가 주인인 나에게 무조건 복종하듯 나도 주인인 그에게 무조건 복종한다면 어떻게 될까? 그가 가라는 대로 가고, 하라는 대로 하면 어떻게 될까? 모든 고민이 그의 몫이 되어 삶의 무게가 더없이 가벼워지지 않을까? 그로 인해 나는 더욱 편안해지고 주어진 시간이 알차게 되어 한없이 자유로워지지 않을까?

그렇다. 삶의 무게를 가볍게 하기 위해서는 주인에 대한 무조건적인 복종이 필수다. 오직 꼬리를 흔들고 기뻐하며 삶의 모든 문제를 주인에게 떠넘겨 난 스스로 거기에 종속되지 않는 것이다. 등대가 이미 그렇게 하듯 그런 자세로 살아가면 참 편하겠다.

사람들은 때로 주인을 '절대자' 또는 '운명'이라 부르기도 한다.

# 비 오는 날

비가 들려주는 이야기를 따라가면
잠의 나라가 나온다네.
거기선 할 일이 잠 하나뿐이므로
네 활개 쭉 펴고 잠만 자면 된다네.


추적추적 비가 내린다. 세상이 온통 회색빛이다. 산과 나무와 집들이 비에 젖는다. 방파제도 온몸으로 비를 맞는다. 그 모습이 조금은 쓸쓸하다.

비 오는 날 섬은 더욱 고요하다. 낯선 곳에 문득 던져졌을 때 느낄 만한 그런 고요다. 특히 비안개가 자욱한 바닷가 풍경은 고요의 심연이다. 누군가 발걸음을 옮겨 가까이 다가가면 블랙홀인 양 빨려

들어가 흔적 없이 사라질 것만 같다.

집 뒤 언덕 동백나무에 곤줄박이 몇 마리가 와서 고요를 깨우며 잠시 지저귀더니 이내 날아가 버린다. 통통거리던 고깃배의 엔진 소리도 사그라졌다. 다시 적막강산이다.

방에 들앉아 빗소리를 듣는다. 지붕과 처마 밑의 물 듣는 소리가 화음을 이룬다. 빗소리는 고요를 방해하지 않고 오히려 부추긴다. 더 이상 고요해질 수 없는 지경까지 이르니 고요의 껍질이 벗겨져 나간다.

옥수수의 껍질이 벗겨지면 알옥수수가 드러나듯 맑고 투명한 고요의 알갱이가 드러난다. 거기에 '진실'이란 이름을 붙여도 좋으리라. 이럴 때 곁에 아무도 없다는 사실이 오히려 고맙다. 곁에 누군가 있다면 이런 진실의 순간을 엿보기가 힘들 것이다.

방문을 활짝 열어 놓는다. 빗소리가 더 크게 달려든다. 빗소리를 들으며 깨끗하게 늙어 가자 다짐한다. 말수를 줄이고, 욕심을 내지 않고, 많이 베풀고, 몸가짐을 단정히 하며, 섭섭한 감정을 잘 다스리는 것이 노년의 깨끗함이다.

특히, 섭섭한 감정을 잘 다스리는 것이 무엇보다 중요하다. 그렇지 못하면 금방 추해지게 된다. 이 섭섭이 녀석은 아주 사소한 상황에서도 불평하도록 부추겨 왕성한 식욕을 해결하며 끊임없이 몸무게를 불러 간다.

  물리치는 방법은 아주 간단하다. 먹이 활동을 끊으면 된다. 속상한 상황에 맞닥뜨려도 '괜찮아. 그럴 수 있지, 뭐.' 또, '나를 화내게 하려고 시험하는 거지? 내가 거기에 넘어갈 것 같아?' 하고 되뇌고 그냥 넘겨 버리면 즉시 해결된다. 섭섭이는 불평이란 먹이를 먹지 못하면 금방 시시해지고 만다.

  물이 고인 곳에 수없이 많은 동그라미가 생겨나고 있다. 동그라미를 밟으며 걸어가면 참 재미있겠다. 노랗게 물든 은행잎이 유난히 아름답던 어느 날, 학교에서 돌아오는 길, 비닐우산을 쓰고 잘박잘박 물방울을 튀기며 걸어가던 토끼 머리 그 소녀는 지금 어디서 무얼 하고 있을까. 소에게 풀을 뜯기다가 갑작스레 만난 소나기를 피하게 해준 고마운 버섯바위는 옛날 그 자리에 그대로 있을까. 그립다.

  섬사람들은 비가 오면 주로 집에 머물며 어구를 손질하거나 TV를 본다. 가끔씩 여럿이 모여, 잡아 놓은 고기 몇 마리를 횟감으로 삼아 술잔을 기울이기도 한다. 비가 오면 일을 놓아도 마음이 쫓기지 않아서 좋다.

  이곳에서 비 오는 날 술자리에 몇 번 어울렸다. 주요 이야깃거리는 날씨와 물때와 잡히는 고기 등이다. 직업이 직업이니만큼 그런 이야기를 나누는 것은 당연하다. 그래도 한편으로는 비 오는 날만이라도 일을 염두에 두지 말았으면 하는 생각을 지울 수 없다. 이야기를 하려면 추억의 그 시절 이야기가 더욱 어울릴 것 같다.

우산을 쓰고 밖으로 나와 발길 닿는 대로 한참을 걸었다. 이 산책이 무료하지는 않지만 뭔가 마음에 썩 드는 일이 따로 있었으면 좋겠다. 이런 날, 무슨 일이 어울릴까 생각해 보았다. 그것이 무엇이든 진정으로 하고 싶은 일을 하는 것이 어떤 의미에서 가장 어울리며 가치 있는 일일 것이다.

곰곰이 생각해 보니 비 오는 날 가장 잘 어울릴 만한 것은 낮잠이다. 독서와 사색도 훌륭하기는 하지만 낮잠에는 미치지 못한다. 빗소리를 들으며 깊고 어두운 나락으로 이끌려 들어가 고슬고슬한 잠의 침대 위에서 내키는 데까지 뒹굴어 보는 것이다. 평소에는 마음을 편안히 가지되 몸은 너무 편하게 하지 말라는 말에 공감하였지만 지금은 아니다. 비 오는 날은 몸이 편안해야 마음도 편해진다.

하고 싶은 일을 발견했으니 이제 다른 일에는 호기심을 가지지 말아야겠다. 그것은 곧 시간 낭비로 이어질 것이 뻔하다. 지금은 오직 낮잠만이 필요하다. 한숨 늘어지게 자고 나면 몸과 영혼이 깨끗해져 새사람으로 거듭나게 될 것이다. 그때의 세상은 모든 것이 싱싱하고 아름다우며 조금의 부족함도 없이 완벽하게 될 것이다.

산책을 접고 돌아와 방으로 들어갔다. 주위를 정리한 다음 요를 깔고 누웠다. 눕자마자 빗소리를 들으며 깊은 잠의 수렁 속으로 빨려 들어갔다. 자면서도 지금 비가 내리고 있으며, 온 세상이 한없이 조용하며, 나의 신성한 잠을 방해할 것은 아무것도 없음을 인지하고 있었다.

그런 상태가 한없이 평화롭고 행복하기까지 했다. 살아오면서 이뤄놓은 그 어떤 성취와도 비교되지 않을 만큼 만족스러웠다. 이런 경험이 기억 속에 몇 개만 저장되어 있어도 힘든 일이 있을 때마다 꺼내어 중화의 재료로 삼아도 되겠다. 좋은 경험은 그 자체가 커다란 에너지다.

잠에서 깨어났을 때에도 여전히 비가 내리고 있었다. 처마 끝으로 떨어지거나 지붕을 두드리는 물소리도 그대로다. 나의 거룩한 잠을 방해하지 않으려고 날아갔던 새 몇 마리가 다시 돌아와 재재거렸다.

새 공기를 맞아들이기 위해 방문을 활짝 연다. 대나무가 바람에 일렁이고 있다. 그 모습이 마치, '당신이 낮잠을 즐기고 있는 동안 아무도 얼씬하지 못하게 보초를 서고 있었어요.' 하는 것 같다.

북서쪽 하늘이 조금씩 밝아오는 걸 보니 날이 곧 갤 모양이다. 나의 낮잠을 위해서 하늘이 특별한 배려를 했다는 걸 깨닫는다.

## 고요

혼자가 되라.
터널 같은 고요 속을 한 걸음씩 걸어 들어가
철저하게 혼자가 되어 거기 머물라.

  섬은 고요하다. 바다 멀리서 가끔씩 들려오는 어선의 엔진 소리 외에는 인공의 소리가 거의 없다. 바람 소리, 물 흐르는 소리, 새소리, 풀벌레 소리들은 퍼져 나가서 사그라지는 연못물의 파문과 같은 것이어서 이내 고요에 흡수되어 버린다. 그래서 더욱 고요해진다.
  하루 종일 집에 있어도 찾아오는 이 하나 없다. 누가 찾아와 주기를 바라는 건 아니지만 더러 문밖으로 귀가 열리곤 한다. 혹시나 하는 기대감이 역시나 하는 실망감으로 바뀔 때 이 섬에 정말로 살아

숨 쉬는 생명체가 있기나 한 것일까 하는 의구심이 든다. 개가 짖으면 섬이 영 비어 있지는 않다는 사실을 알아차린다.

책을 읽다가 밖으로 나오면 눈부신 햇살이 반갑다는 듯 달려들어 날 에워싼다. 나도 반갑다. 햇살 속에 한참 동안 서서 바다를 바라본다. 배 두어 척이 풀잎처럼 떠 있을 뿐 그곳 역시 고요하다. 땅의 고요와 바다의 고요가 만나니 찍먹히끼끼끼 하다.

사방을 둘러보아도 사람은 나 혼자뿐이다. 섬의 특수한 환경을 이해하지 못하는 것은 아니지만 그래도 너무하다 싶다. 도시에 살 때는 사람 없는 광경은 상상도 하지 못했었다. 사람은 세상을 이루는 구조물이나 마찬가지였다.

혼자가 되면 문득 잊혔던 것들이 떠올라 파노라마처럼 지나가기도 한다. 그런 기억들은 어딘가에 꽁꽁 숨어 있다가 꼭 이런 순간에 떠올라서 그리움을 부추긴다. 그리움은 지난 세월을 비춰주는 거울이다.

다툰 후 돌아섰다가 다시 찾은 친구네 집의, 새빨간 열매를 가지가 무겁도록 매달고 선 앵두나무가 보인다. 이슬 내린 풀밭을 잠방이를 적셔 가며 내닫다가 마주친 방아깨비의 놀란 모습도 눈에 어른거린다. 왕잠자리를 향해 싸리 빗자루를 휘두르며 연못가를 맴돌던 어린 나를 애써 떼어 놓고 집을 나섰다.

햇볕이 쨍쨍하다. 바람은 감나무 가지에 걸터앉아 내려올 생각을 않고 후끈 달아오른 길 위에는 개미 몇 마리 먹이를 나르고 있다. 풀무치 한 마리가 풀잎사귀 뒤로 자신의 존재를 숨긴다.

뒷짐을 지고 어정어정 걷는다. '동네 사람은 다 나오시오!' 시위라도 하듯 낯선 골목길을 걷는다. 뉘 집 앞을 지나는데 평상 위의 그릇에 담긴, 금방 따 온 듯 싱싱한 푸성귀가 눈에 띈다. 다른 집 앞을 지날 때는 생선 굽는 고소한 냄새가 코를 자극한다. 수도꼭지에 물이 졸졸 흐르고 그 옆에는 고동이 담긴 그릇이 놓여 있는 모습도 보인다.

비로소 이곳이 사람 사는 마을임을 알아차린다. 곧 모든 풍경들이 낯익은 모습으로 돌아온다. 사물은 역시 사람과 관계가 지어질 때 의미를 획득한다. 관계가 지어지지 않으면 모든 것은 그냥 있는 그대로의 그것일 뿐이다.

밭둑에 서 있는 나무에 등을 기댄다. 야호 외침에 메아리가 깨어나듯 내가 취한 자세로 소리가 깨어난다. 물 흐르는 소리가 들린다. 이 물은 그저께 내린 비로 말미암은 것이다. 도랑을 따라 똑바른 곳과 굽은 곳, 경사가 급한 곳과 완만한 곳, 바닥이 바윗돌인 곳과 자갈인 곳을 각기 다른 소리를 내며 흘러간다.

물의 양도 소리에 영향을 미친다. 비가 좀 넉넉히 온 첫날에는 군인의 함성처럼 우렁차다. 함성은 차츰 어린이의 재잘거림으로 바뀌어 사나흘 정도 지나면 아기의 옹알거림이 된다. 옹알거림은 곧 새근거림이 된다.

 물소리를 듣고 있자니 바쁘게 살아온 지난 세월이 바보짓만 같다. 결국은 다 저렇게 흘러가는 걸, 나중에는 의미조차 퇴화되어 버리는 길 그때는 왜 시생길안으로 매달렸는지 이해가 가지 않는다. 다시 그때로 되돌아가면 직접 나서지 않고 그냥 바라보기만 할 것이다.

 어쨌든 고요 속에 잠들어 있던 소리를 깨워 놓았으니 집중해 들어 주는 것이 예의다. 음악 감상 시간을 갖기로 한다. 음악 감상은 나의 취미다. 음악 없는 세상은 얼마나 삭막하고 건조할 것인가. 베토벤이나 모차르트가 사람들의 사랑을 받는 이유가 다 있다.

 훌륭한 음악은 인간을, 안으로부터 흔들어 동물적 요소를 털어내고 순수의 핵 안으로 인도한다. 거기엔 아무런 판단이나 편견도 없고 오직, 내는 소리와 듣는 개체만이 존재한다. 다른 것은 다 스르르 녹아버린다.

 사람들은 집이나 감상실에서 스피커를 통해 듣지만 나는 기계음에 익숙하지 않아 생음악을 고집한다. 생음악을 듣자면 현장을 직접 찾아가는 수밖에 없다. 지금 나무에 기대선 이유도 여기 있다.

자, 이제 음악 속으로 들어갈 차례다. 들려오는 소리를 향해 마음을 모은다. 나의 청각은 극도로 예민해진다. 삐삐거리는 곤줄박이 소리가 가장 먼저 귀를 자극한다. 이어서 직박구리, 동고비, 동박새의 소리가 들리고 멀리서 갈매기 울음소리가 추임새를 넣는다. 다시 밀화부리의 소리가 분위기를 이끌어간다. 밀화부리 소리는 모든 새소리 가운데 으뜸이다. 하루 종일 듣고 있어도 질리지 않는다.

개울물 소리, 파도 소리, 바람이 나무를 흔드는 소리들이 달려 나오며 음악은 절정을 향해 치닫는다. 이런 상태가 한참 동안 지속된 뒤 이윽고 풀벌레 소리가 조용히 음악을 마무리한다. 베토벤의 운명 교향곡을 들을 때처럼 가슴이 벅차오른다. 내 영혼에 살이 오른다.

행복하기를 바란다면 먼저 행복 속으로 뛰어들어야 한다. 마음을 고요히 하고 자연의 본성에 눈길을 주는 것도 한 방법이다. 문득 무한한 평화를 마주 대하고 있다는 사실을 깨닫게 되리라. 그 평화가 바로 행복의 숙성된 알갱이인 것을 예전엔 미처 몰랐다.

행불행이 자유 의지에 의한 선택의 문제임을 다시 한 번 깨닫는다. 환경에 적응하며 형성된 습관이 선택을 주도하는데 습관이 왜곡되어 있으면 어떤 상황에서도 노여움을 선택하게 된다. 노여움은 심장을 파고들어 불행의 바이러스를 심어 놓는다.

조직 사회에서 인간은 시계의 부속품과 같은 존재다. 짜인 프로그램에 따라 기계적으로 움직여야 한다. 자유 의지는 무시되고 사고와 행동은 질서를 향하여 초점이 모아진다. 질서에 협조하지 않는 존재는 가차 없이 라인 밖으로 폐기 처분된다. 이런 상황이 차츰 습관을 왜곡시킨다. 조직 사회에 길들여지는 걸 경계해야 하는 이유가 여기에 있다.

거기서 벗어날 수 있는 방법은 단 한 가지, 혼자 있는 시간을 늘리는 것이다. 혼자가 되어야, 철저히 혼자가 되어야 스스로의 존엄이 더욱 확연해진다. 혼자가 되지 않으면, 온갖 지저분한 것으로 오염된 겉껍질을 결코 벗어버릴 수 없다.

혼자가 되기 위해서는 사람을 피해 외딴곳으로 숨어 들어가는 것이 가장 좋다. 다른 무엇을 위해 투자한 시간만큼 자신을 위한 시간도 확보해야 한다. 고요 속으로 들어가 보면 그 이유가 잘 드러난다.

음악 감상에 몰두하다 보니 나 자신이 음악이 되었다. 리듬을 점령하고 있는 것들, 예를 들면 바람이나 새, 풀벌레들이 나와 치환된다. 내가 바람인지, 새나 풀벌레가 나인지 잘 모르겠다.

그때쯤 나는 음악 속에서 걸어 나온다. 나무에 기대었던 허리를 꼿꼿이 세우고 산 너머 마을 철이네라도 다녀올 요량으로 길 위쪽으로 뚜벅뚜벅 걸음을 옮긴다.

# 친절

친절은
삶의 명약이다.

   해녀 배가 왔다. 해산물 채취권이 있는 해녀들 몇이 바닷속에서 전복이나 성게, 소라, 멍게, 해삼 따위를 따기 위해서다. 해녀들은 물 위에 띄워 놓은 부표에 작은 어망을 묶어 두고 물속으로 들어가 해산물을 따 와 거기 담는다.

   마침 한 해녀가 선착장 주변에서 작업을 하기에 모서리에 서서 지켜보았다. 해녀들 작업을 지켜보는 것도 색다른 재미다. 바닷속 세상에 대한 호기심이 조금은 충족되기 때문일 것이다. 물속에 들어간 해녀가 가늠한 시간 안에 나오지 않으면 혹시나 하는 생각으로 마음이 조마조마하여 잠시도 눈을 뗄 수가 없다.

한참 구경하고 있는데 저만큼 떨어져서 물속에 들어간 해녀가 어느 순간 내 바로 앞에서 물 밖으로 고개를 쑥 내밀었다. 그때 나와 눈길이 마주쳤다. 해녀는 다시 물속으로 들어가더니 해삼 한 마리를 건져 왔다.

"이거 드셔 보세요."

갖고 있던 갈고리로 배를 갈라 손질하고 깨끗이 헹구어 조금의 망설임도 없이 내밀었다. 순식간에 일어난, 전혀 예상치 못한 일에 당황하며 얼떨결에 받아 입으로 가져갔다. 짭조름하고 향긋한 바다 냄새가 물씬 풍겼다.

"맛있죠?"

"예? 아, 예. 향긋하네요."

"맛있을 거예요."

해녀는 환한 웃음을 지으며 내가 해삼을 다 삼키는 걸 보고나서는 다시 작업을 하기 위해 머리를 물속에 거꾸로 박고 힘차게 아래로 내려갔다.

그 일은 참으로 신선한 충격이었다. 알다시피 물질은 굉장히 힘든 작업이다. 물속 깊숙이 들어가면 일 분에서 이 분 정도 있다가 나온다. 나오자마자 휘파람처럼 '휘익' 하는 숨비소리를 내며 참았던 숨을 한꺼번에 몰아쉰다. 그 소리를 흔히 삶과 죽음의 경계를 가르는 소리라 표현하는데 그것은 물질이 얼마나 힘든지 알려주고 있다.

숨을 쉬려고 고개를 내밀다가 발견한 어떤 낯선 사람을 위해 의도적으로 해삼을 건져 와 당연한 것처럼 건네주다니! 흔히 있을 수 있는 시소힌 일 깊지만 누구나 할 수 있는 그런 일은 아니다. 거기에는 아무런 계산속이나 조건도 없고 그 순간의 행위만이 존재한다.

감동은 늘, 예사롭지 않은 일을 예사롭게 행하는 행위에 붙어 다닌다. 어떤 일이든 감동을 획득하면 그건 이미 작은 일이 아니며 빛나는 무엇이 된다. 그것은 가슴속에 등불처럼 새겨져서 시시때때로 어둠을 밝혀 줄 것이다.

해녀의 친절한 행위로 인해 영혼에 묻어 있던 찌든 때가 말끔히 씻겨 내려가는 느낌을 받았다. 이에 내가 먹은 해삼은 바다의 조그마한 먹을거리가 아니라 우주의 거대한 가치가 되었다. 이처럼 가치는 늘 행위에 붙어 다닌다.

돌아보니 내 삶에서 이처럼 감동적인 친절은 그리 많지 않다. 서로 앞서기 위하여 또, 더 많이 가지기 위하여 치열한 경쟁을 벌이고 있는 현대 사회에서는 친절이 점점 먼 나라의 이야기가 되어 가고 있다. 서로 엉겨 붙어 헐뜯거나 다투지만 않아도 다행으로 여긴다. 친절 없는 사회는 삭막하여 급속하게 사막화가 이루어진다.

그 일 이후 나 자신에게 조용히 속삭이곤 했다.

'누구를 만나면 잔잔한 미소를 띠고 바라보며, 있는 그대로를 인정해 주라. 그대가 있어 이 세상이 살맛난다고 맘껏 칭찬해 주라. 울고 있는 사람에게는 맘없이 다가가 손을 잡아 주라. 내키지 않더라도 의도적으로 친절에 물을 주고 거름을 주어 가꾸어 보라. 삶이 놀랍도록 빛나게 되리라.'

친절의 가장 큰 적은 선입견이다. 사람을 대하면 주관적으로 그 사람의 성격과 됨됨이와 처한 환경을 판단한다. 물론 딱 맞아떨어질 때도 있긴 하지만 대부분은 사실과 다르다. 방어기제가 작동하여 상대를 경계의 대상으로 바라보기 때문이다. 그런 바탕 위에서 대화를 나누면 듣고 싶은 대로 듣게 되어 내용을 자칫 부정적으로 해석하기 쉽다. 미움과 증오는 대부분 그렇게 싹을 틔운다.

친절은 전염되거나 반사하는 속성도 가지고 있다. 오늘 베푼 친절이 세상 어딘가를 떠돌다가 내일 다시 화합과 평화의 날개를 달고 돌아온다. 그래서 친절은 저축해 둘 수 있다. 친절을 쌓아놓으면 평화의 댐이 된다.

이 섬에 처음 왔을 때, 사람들은 나를 몹시 경계했다. 겉으로는 아무렇지 않게 대했지만 관심이 없는 척하며 일거수일투족을 지켜보고 있었다는 걸 다 안다. 어떤 사람은 경찰에 신고하라고까지 했다. 하기야 그들의 눈에는, 사지가 멀쩡한 중년의 한 인간이 아무 일도 하지 않고 몇 날 며칠을 이곳저곳 기웃거리기만 하니 이상하게 비쳤을 것이다. 사실 나는 그들보다 훨씬 더 중요한 일을 하고 있었어도 그것을 이해시킬 기회를 갖지 못했다.

선입견을 빨리 씻어내기 위해서는 친절이 으뜸이다. 어떻게든 긍정적인 이미지가 부각되어야 마음을 주고받을 수 있는 조직의 일원이 될 자격을 얻는다. 그걸 알고 있는 이상 어찌 가만히 있으랴. 웃는 얼굴로 인사하고, 작은 일에는 손을 보태며, 마음에 담아 둔 이야기를 꺼내면 다 들어 주리라 다짐하고 그렇게 했다. 그 결과 차츰 주민과 나 사이에 끼어 있던 안개 같은 막이 걷혔다.

이런 일련의 일들을 통하여 의도적인 친절도 상대방을 부담스럽게만 하지 않는다면 꼭 필요하며, 강력한 에너지가 된다는 사실을 더욱 깊이 체험하게 되었다. 친절은 편견을 씻어내고 증오의 싹을 말려버린다. 친절은 삶의 명약이다.

지금은 내가 사람 만날 일이 그리 많지 않으므로 산책길에서 만나는 새와 나무에게 긍정적인 말로 친절을 베푼다.
 '난 네가 좋아. 너의 소리가 좋고 너의 모습이 좋아. 너의 모든 것이 다 좋아.'

# 산책

다른 동물과 구별되는 점,

인간은 산책한다.

 

간편한 옷차림으로 홀가분하게 집을 나선다. 딸린 것이 가벼우면 마음도 가볍다. 그래서 집을 나설 때에는 최대한 무게를 줄이게 된다. 짧은 길뿐 아니라 꽤 오래 걸리는 여행길에도 그러했다. 지금까지의 크고 작은 모든 여행에 작은 배낭 하나 이상의 짐을 꾸리지 않았다.

여행길에서 소지한 짐에 치여 허덕이는 사람을 많이 보아 왔다. 그들은 모두 등 위에 매미처럼 달라붙은 나의 작은 배낭을 몹시 부러워했다. 돌아올 때 보면 이삿짐처럼 큰 그들의 가방 안에는 한 번도 입지 않은 옷과 쓰지 않은 물건들이 가득했다.

오늘은 걸음걸이의 속도를 최대한 늦출 생각이다. 빠르게 걷는 것이 습관처럼 굳어, 걷다 보면 저절로 쫓기듯 빨라지곤 하였다. 걸음이 빠르면 여유가 없어 주위를 둘러보기가 쉽지 않다. 여유로움은 의도적으로 속도를 늦추는 자만이 누릴 수 있는 특권이다.

느리게 걸어야 주위의 보는 것들이 눈에 들어오나. 어디에 무엇이 어떤 모습을 하고 있는지 또렷이 기억난다. 고운마을을 지나면서 본 동백나무 가지 끝에 걸린 낮달도 기억나고, 청석 전망대 아래 풀잎 위에 앉아 있다가 니한테 들키자 내달아 달아나던 바람도 기억난다.

좋은 경치를 보는 동안은 마음이 정화되어 안으로부터 즐거움이 차오른다. 이런 즐거움이 있기에 마음이 당겨 자꾸만 길을 나서게 되는 것이다. 오늘 만나게 될 즐거움이 벌써부터 기대된다. 기대는 즐거움의 시작점이다.

느리게 걷다가 때로는 멈추어 서는 것도 괜찮다. 멈추어 선 순간 문득, 주위의 모든 것들과 하나가 된 듯한 느낌이 들 때가 있다. 대화를 나누다가 생각이 딱 맞아떨어질 때 느끼던 그런 감정 말이다. 그것 역시 크나큰 기쁨이다.

사실, 곁에 서서 사랑 가득한 눈으로 사물을 바라보면 반가워하는 느낌이 전해져 오기도 한다. 속도가 빠르면 세상 것들이 지나가 버리지만 속도를 늦추면 와서 품에 안긴다. 아예 멈추어 서면 서로 하나가 된다.

 걸으면서 깊은 생각에 잠겨들 때도 있다. 생각은 생각의 꼬리를 물고 한없이 이어진다. 생각 속에서 한 마리 새가 되어 온 세상을 날아다닌다. 무엇이든 막히거나 단절되지 않으니 참으로 자유롭다. 난 이걸 생각 놀이라 부른다.

 생각 놀이를 위한 운동장으로는 지구가 너무 좁다. 그래서 가끔씩 우주의 끝자락을 내달리다 낯선 별에 내려 잠시 머물기도 한다. 난 거기를 '의식의 황량한 벌판'이라 이름 지었다. 보랏빛 안개에 잠긴 그 벌판은 무엇이든 가능한 꿈의 장소다.

 모퉁이를 돌아가자 널찍한 밭이 눈에 들어온다. 잘 자라고 있는 채소의 눈부신 녹색이 마음을 환하게 밝혀 준다. 저 정도의 밭이라면 소유할 만한 가치가 충분히 있다. 밭에 욕심이 생겨 당장 내 것으로 삼았다. 밭을 있는 그대로 두고 바라보기만 원할 뿐이므로 구태여 돈을 지불하고 살 필요는 없다.

 밭의 관리는 원래 주인에게 맡겨 둘 작정이다. 그는 나를 위해 갈고 씨 뿌리고 풀 뽑고 자라고 있는 작물의 영양도 살필 것이다. 벌레를 잡아주고, 쓰러지면 세워주며, 가물면 물도 공급할 것이다. 난 어느 하나도 걱정할 게 없다. 문제가 생기면 그가 다 해결한다.

밭에서 무성히 자라고 있는 채소를 흐뭇하게 바라본다. 채소는 주인인 나의 기대에 어긋나지 않게 마지막까지 최선을 다해 푸른빛을 유지할 것이다. 실컷 보고 즐기다가 수확의 시기가 오면 박수를 보내주는 걸로 주인이 의무를 다하려 한다.

한 번 욕심이 생기니 욕심이 불어나서 길을 가며 차례대로, 갖고 싶은 것을 다 가진다. 바다를 향해 쭉 뻗은 섬의 꼬리와, 허밍으로 노래 부르길 즐기는 우거진 대나무 밭과, 은물결 반짝이는 둥근 앞바다와, 그 안에서 살아가는 모든 생명체도 내 것으로 삼는다. 번거롭게 옛 주인과 만나 계약서를 쓸 필요도 없고, 마음대로 가진다고 따지는 사람도 없으니 거리낄 게 없다. 어쨌든 난 참 부자다.

발을 내딛는데 무엇인가 눈앞으로 휙 날아 풀숲으로 사라졌다. 그러고 보니 길 위에도 수많은 생명들이 있다. 걸음을 멈추고 쪼그리고 앉아 지구상에 도대체 어떤 생명들이 나와 함께 살아가고 있나 살피기 시작했다. 반경 일 미터 안의 풀숲과 흙 위에 참 많은 곤충이나 벌레들이 머물러 있거나 지나갔다.

작은 것, 조금 더 큰 것, 다리가 여섯 개인 것, 더 많은 것, 날개가 있는 것, 없는 것, 동글동글하게 생긴 것, 길쭉하게 생긴 것, 한 가지 색인 것, 알록달록 여러 색인 것, 소리를 내는 것, 내지 않는 것, 팔짝 뛰어가는 것, 기어가는 것 등의 친구들이 있다.

그 가운데 내가 이름을 아는 것은 몇 가지가 되지 않는다. 개미, 쥐며느리, 벌, 풀무치, 모네각시, 지네, 무당벌레, 진딧물, 하루살이, 나나니 등이다. 나나니는 여기저기 자리를 옮기며 굉장히 빠른 속도로 뒷발을 움직여 흙을 팠는데 그 모습이 특이하고 재미있어 시간 가는 줄 모르고 지켜보았다. 어떤 사명감을 가지고 흙을 파내는 듯했지만 무슨 사명인지는 모르겠다.

일어나서 다시 걷는다. 잡풀이 우거진 묵정밭을 만난다. 단단히 익어 가는 씨앗은 풀의 생명이 영원히 꺼지지 않을 것임을 예고하고 있다. 자연의 조화가 신비롭기만 하다. 거의 모든 종류의 식물은 종족을 보존시키려고 하기에는 지나치게 많은 열매를 맺는다. 스스로 포식자에게 먹이를 제공하기 위한 뜻을 가지고 있기 때문인지도 모른다. 그것은 균형을 위해서다.

척박한 땅의 식물이 더 많은 열매를 맺는 것도 균형을 맞추기 위해서일 것이다. 그런 맥락에서 따지면 지진이나 화산, 태풍, 해일도 정화를 통해 균형을 이루기 위한 필요한 과정이다. 어쩌면 나의 삶에 닥칠 수 있는 고난도 이런 균형을 위해 꼭 거쳐야 하는 참삶의 한 부분일지 모르겠다. 그렇다면 고난도 피하기만 할 대상은 아니다.

지금의 처지가 너무나 마음에 든다. 최소한의 것만 소유하고, 최소한의 일을 하며 다른 욕심 부리지 않고 사니 마음이 더없이 넉넉하다. 다시 한 번 가난하게 살자 속삭여 본다. 스스로 선택한 가난은 궁핍하지 않고 오히려 기품이 있기까지 하다. 여기에 한 번 맛 들이면 이 세상의 어떤 것도 그 향기를 대신할 수 없다는 것을 알게 될 것이다.

문명이 들어오기 전 사람들은 돈을 필요로 하지 않았다. 주위에서 얻는 것만으로도 풍족했다. 문명이 들어오면서 돈이 필요하게 되었다. 그때부터 무엇이든 모자랐고 사람들의 얼굴에서 웃음기가 사라졌다. 가난하게 살자는 다짐은 웃음을 되찾아야겠다는 의지의 표현이다.

어느덧 섬을 한 바퀴 다 돌았다. 저 아래에 집이 보인다. 이제 산책을 마무리해야겠다. 오늘 산책도 참 즐거웠다.

# 외출

*산다는 건 줄타기와 같은 것.*
*줄 위의 연기는 오직 스스로의 몫.*

외출 준비를 하고 집을 나선다. 지난밤에 내린 비로 길이 몹시 미끄럽다. 조심조심 발을 내디디며 바닷가로 내려간다. 시간이 좀 이른지 지나치는 집에서는 아무런 기척이 없다.

부지런한 갈매기 몇 마리가 끼룩끼룩 소리를 내며 머리 위를 난다. 갈매기들은 고깃배가 들어오거나 나갈 때 더 분주하다. 배가 움직일 때 이는 하얀 포말이 물고기 사냥 의욕을 돋우는 것 같다. 실제로 그때 사냥하는 모습을 몇 번 보기도 했다. 하지만 녀석들은 배에서 떨어지는 부스러기에 더욱 집착한다.

지금은 드나드는 배가 없으므로 갈매기의 비행이 무척이나 한가하게 여겨진다. 눈에 띄는 모든 것이 평화스럽고 여유롭다. 바쁘거나 시끄러우면 절대 그럴 수 없다. 그러기에 작은 여유가 행복의 전제 조건이라 해도 영 틀린 말은 아닐 것이다.

정자로 가서 편안히 앉아 바다로 눈길을 돌린다. 아침 햇살에 반짝이는 잔물결이 참 아름답다. 붉은 색시기 음표 하나씩 품고 춤을 춘다. 어지러운 듯 질서 있는 춤사위가 절정을 향해 치닫는다. 해가 불쑥 솟아오른다.

"장에 가십니까?"

마을 사람 하나가 곁에 와서 앉으며 말을 건넨다.

"예."

그렇다. 나는 지금 삼천포장으로 외출을 나선 길이다. 이 섬에서의 외출은 섬 밖으로 나가는 것을 뜻한다. 섬 안에서의 나들이는 외출로 인정받지 못한다.

배 시간이 가까워오자 하나둘 사람들이 늘어난다. 입고 나온 옷을 보면 장에 가는 사람인지 아닌지 대번에 구분된다. 눈으로 죽 훑어보니 장에 가는 사람은 열에 일곱 정도다. 그들 대부분은 특별한 볼일 없이 그냥 바람 쐰다는 마음으로 간다. 가끔씩은 집에서 허락을 받아낼 빌미로 볼일을 만들기도 하는데 그것은 모기약을 산다거나 밀린 외상값을 갚는다거나 하는 사소한 것들이다.

뱃고동을 울리며 바다누리호가 들어온다. 이 섬에 처음 다닐 때는 여객선이 '바다랑'이란 이름의 배였는데 지금은 '바다누리'다. 이 배는 바다랑보다 더 커서 차까지 실을 수 있다.

사람들은 앞 다투어 배에 오른다. 일층과 이층으로 나뉜 객실은 선호도에 따라 손님이 갈린다. 일층은 평평한 바닥이어서 눕기를 좋아하는 노인들이나 화투놀이에 뜻을 둔 사람들이 차지한다. 이층은 의자가 있고 전망이 좋아 주변의 풍광을 즐기려는 사람들 차지다. 그들은 주로 외지인이나 젊은 층이다.

나는 이층으로 오른다. 낯선 얼굴이 더러 보인다. 낚시를 하러 왔거나 친지 집에 다니러 왔다가 나가는 길일 것이다. 내 바로 옆자리에는 한 외국인 근로자가 앉았다. 그는 동티모르 청년으로 이태 전에 우리나라에 왔다 한다. 광어 양식장에서 일을 하는데 늘 바쁘고 힘들다고 불평이 대단하다. 고향으로 돌아가고 싶어도 돈이 모이지 않아 돌아갈 수도 없다며 눈물을 떨군다.

눈물을 보자 가슴이 찡해진다. 짧은 순간에 그의 모든 것이 나의 감각 기관을 모조리 점령해 버린다. 그가 떠나온 고향 마을과, 그가 올 날을 손꼽아 기다리고 있을 가족과, 그의 불확실한 미래가 마음을 누른다. 스무 살도 채 되어 보이지 않는 그는 분명 장밋빛 꿈을 안고 고향을 떠나왔을 것이다.

손을 잡아주는 것으로 위로의 맘을 전했다. 아무래도 그것으로는 부족한 것 같아, 맛있는 걸 사 먹으면 기분이 풀릴 거라며 오늘 쓸 용돈을 쪼개어 건넸다. 그래도 슬픔이 가시지 않는데 민쪽에선 낚시꾼 둘이 지난밤의 무용담으로 팡파르를 외친다.

이렇듯 선실 안에는 세상의 희로애락이 모여 있다. 그것이 바다의 기억이 되고 섬의 역사가 되며 뭇사람들의 희망이나 절망이 되기도 한다. 사는 것은 줄타기와 같은 것이다. 줄 위에서 어떤 연기를 펼치든 그것은 오로지 스스로의 몫이다.

어느새 바다누리호는 삼천포항에 닿았다. 시내로 들어서는 길목에 생선이나 해산물을 파는 좌판이 죽 늘어서 있다. 그것도 나에겐 신기한 구경거리다. 느린 걸음으로 그 길을 지나쳐 와서 그냥 무턱대고 시내를 쏘다닌다. 그러다 보면 어김없이 마을 사람을 마주치는데 그는 꼭 다음과 같은 질문을 한다.

"볼일 다 보셨습니까?"

이럴 때 나의 대답은 극히 제한적이다.

"예? 아, 예. 지금 보고 있는 중입니다."

솔직히 마땅한 볼일은 없다. 가끔씩 슈퍼에 들러 이웃과 나눌 몇 가지 군것질거리를 사서 박스에 담고 포장하여 여객선에 실어 달라고 부탁하기는 하는데, 해도 그만 안 해도 그만인 그것이 볼일인지는 잘 모르겠다.

수산물 시장으로 향한다. 수산물 시장은 볼거리가 많을 뿐만 아니라 활력이 넘쳐서 좋다. 수조 안에서 퍼덕거리는 많은 종류의 물고기를 보며 상상력을 가동한다. 그들이 자유롭게 노닐던 바다와 바닷속 풍경과 먹이 활동과 낚시나 그물을 이용한 어부들의 작업 상황이 영화 필름처럼 떠오른다.

여기저기서 물고기를 두고 흥정하는 소리에 정신이 팔리다 보면 어느새 시간이 훌쩍 지나 점심시간이 된다. 일행과 만나기로 약속해 둔 식당으로 간다. 섬사람들은 대체로 중국 음식을 선호한다. 아마 그것은 섬을 벗어나야만 맛볼 수 있는 음식이어서 그렇지 싶다.

우리의 메뉴는 보통 짬뽕 한 그릇씩과 탕수육, 그리고 소주 두어 병이다. 이 메뉴가 마음에 딱 드는 것은 아니지만 분위기가 그러하여 거절하지 않는다. 식사를 하며 즐겁게 대화를 나눈다. 화제는 주로 이미 본 일과, 아직 남아 있는 일과, 일을 보다 마주친 친지에 대한 이야기다.

식사를 마치고 시내를 조금 더 쏘다니다가 다시 배에 오른다. 아침에 보았던 동티모르 청년이 나를 보자 눈인사를 건넨다. 어느새 얼굴이 활짝 개어 있다. 새로운 희망이 보인다. 어두움의 그림자는 잠시 스쳐 가는 바람에 불과하다.

배가 출발하면, 나타났다 사라지는 파도에 심숭한나 고만고만한 섬들이 다시 특별한 느낌으로 다가온다. 저들도 섬은 섬이니 사람들이 살고 있을 것이다. 그곳에서 생겨나는 수많은 이야기의 흔적을 지우려고 파도는 부지런히 밀려갔다 밀려오기를 반복한다.

상념에 젖어 있는 동안 어느새 배가 섬에 닿았다. 배에서 내리면 나의 외출은 끝이 나고 모든 일상이 원래의 상태로 되돌려진다. 자칫 지루하고도 무료해질 수 있는 삶이 외출로 인하여 생기를 얻었다.

# 메기 효과


이 비 그치면
뒷산 등성이에 무지개 걸리리라.


 소나기라도 한바탕 뿌려주었으면 좋겠다. 아침부터 찌는 듯이 덥더니 오후가 되니 숨까지 턱턱 막힌다. 이런 날 할 수 있는 일은 한정되어 있다. 짙은 그늘을 찾아 죽치고 앉아 있든지 선풍기를 강풍으로 틀어놓고 낮잠을 자든지 해야 한다. 에어컨이 있는 집에 가서 몇 시간 수다를 떨다 와도 괜찮다.
 사실 난 이 세 가지가 다 마음에 들지 않는다. 그렇게 하더라도 치솟는 체온은 조금 내릴 수 있을지는 몰라도 더위 그 자체는 그대로 남아 있을 것이기 때문이다. 나는 그 녀석을 강제로라도 나의 영역 밖으로 몰아내고 싶다.

 그게 가능할까? 곰곰이 생각해 보니 방법이 없다. 왜냐하면 그것은 자연현상이란 필연의 범위 안에 묶여 있기 때문이다. 아무리 애를 써도 바꿀 수 없다면 그와 동화되는 것이 훨씬 낫지 않을까. 그래서 더위는 더위로 다스리라는 말이 있는가 보다.

 이참에 더위 속으로 직접 뛰어늘어 섬을 한 바퀴 돌아오기로 한다. 가파른 산길을 헉헉대며 걸어서 땀을 흠뻑 흘리고 나면 어지간한 더위도 참아낼 힘이 생겨날 것이다. 견디는 힘은 반드시 견딜 대상에 맞서서 얻어내는 수밖에 없다.

 집을 나선다. 햇살은 쨍쨍하고 바람 한 점 없다. 길가의 나무들도 더위에 지쳐서 잎사귀를 축축 늘어뜨리고 있다. 가파른 길이 오늘따라 더욱 가파르게 여겨진다. 몇 발자국 떼어 놓았을 뿐인데 벌써 숨은 헐떡거리고 땀은 줄줄 흘러내린다. 곧 온몸이 땀에 흠뻑 젖었다.

 호기롭게 시작한 일이지만 후회가 밀려왔다. 하지만 여기서 그만둘 수는 없는 노릇, 더위로부터 나를 완전히 놓아 버리기로 작정하고 '이까짓 더위쯤이야.' 하고 생각했다. 그 순간 기적이 일어났다. 신기하게도 더위가 가소롭게 여겨지는 것이다. 더위가 강도를 더하면 땀을 조금 더 흘리면 될 일이다. 더우면 더운 대로 추우면 추운

여름 105

대로 사는 것이 삶을 대하는 더 높은 수준의 태도임이 명확해진다.

언덕 꼭대기에서 조금 내려가니 철이네 밭이다. 키 큰 옥수수들이 그물을 뒤집어쓰고 있다. 이 그물은 까마귀로부터 옥수수를 지켜내기 위한 것이다. 그물이 주위의 균형을 무너뜨려 밭의 모습이 주변 풍경과 영 어울리지 않는다. 균형은 이렇듯 외부의 도전에 의해 허물어진다.

이 섬에 처음 왔을 때 곳곳마다 둘러쳐져 있는 철조망과 전기 울타리가 몹시 못마땅했는데 그것으로는 부족하여 그물까지 덧씌우기도 한다는 사실을 얼마 전에 알고 아연실색했었다. 사람의 입장에서는 야생동물의 이런 도전이 참으로 기가 막힐 노릇이다. 거기에 쏟아붓는 막대한 예산과 힘겨운 노동을 염두에 둔다면 감정이 격해질 수밖에 없다.

주민의 말에 따르면 까마귀는 머리가 좋아 교묘한 방법으로 옥수수 알을 취한다고 한다. 먼저 옥수수 대궁을 두발로 단단히 감싸 안아 몸의 균형을 잡고, 부리로 옥수수 껍질을 하나하나 벗겨내고는, 옥수수통을 밑으로 떨어뜨려 바닥으로 내려와 만찬을 즐긴다는 것이다.

이런 행위는 아마 학습을 통해 익혔을 것이다. 우연한 기회에 옥수수가 훌륭한 먹이임을 알아내었고, 옥수수 알갱이는 껍질 속에 숨어 있으며, 껍질을 벗겨내야 알갱이를 취할 수 있다는 사실 또한 알게 되었을 것이다. 그렇게 배우고 익힌 지식이 바탕이 되어 여기까지 오게 되었을 것이다.

나는 이미 까마귀의 이런 도전적인 행동을 익히 보아왔다. 어느 날 미용실 가는데 저만큼 앞에 보이는 십자넝 위로 까마귀기 떼로 모여들었다. 걸음을 멈추고 살펴보니 한 마리씩 혹은 두세 마리씩 번갈아 가며 마당 위의 빨랫줄을 향해 돌진했다. 빨랫줄에는 깨끗이 손질된 물고기가 걸려 있었다.

이뿐만이 아니다. 조각 비누가 사라져 새로 갖다 둔 비누에 긁어놓은 자국이 선명하게 났다. 난 쥐가 갉아먹은 자국이라고 단정했다. 하지만 그건 오해였다. 외출에서 돌아오다가 까마귀가 비누를 여기저기 쪼아가며 물어서 가져가려고 애쓰는 모습을 보았다. 그러나 비누가 너무 크고 무거워 뜻을 이루지 못하고 있었다. 난 지난번에 없어진 조각 비누도 그 녀석이 가져간 것이라고 결론 내렸다.

도대체 이런 종류의 전쟁은 언제 끝날 것인가. 아마 그 끝이 없을 것이다. 그렇다면 인간의 입장에서는 이 상황을 조금 더 열린 가슴으로 받아들여야 하지 않을까. 그렇게 한다면 마음으로 지불하는 소모적인 대가를 조금은 줄일 수 있을 것이다.

18세기 영국의 어부들은 동쪽 해안과 노르웨이 사이의 북해로 나가 청어를 잡았다. 하지만 런던으로 돌아오기도 전에 청어가 죽어버려 헐값에 팔 수밖에 없었다. 그런데 이상하게도 한 어부만은 싱싱한 채로 청어를 갖고 와 비싼 값에 팔았다.

비결은 청어를 보관한 어창에 천적인 물메기 몇 마리를 넣어두는 것뿐이었다. 어창에 청어만 넣었을 때는 자구의 노력이 없이 서서히 힘을 잃어가지만, 물메기가 등장하면 정신이 번쩍 들어 살아남으려고 혼신의 힘을 다해 도망 다니기 시작한다. 그런 반응이 청어를 훨씬 더 오랫동안 싱싱하게 살아 있게 하는 것이다. 이것이 그 유명한 '메기 효과'다.

우리 주위의 모든 도전도 그런 맥락에서 받아들이면 마음이 훨씬 편하겠다. 그런 것들이 지금 당장은 나의 삶을 위협할지 몰라도 결국은 나를 훨씬 더 오랫동안 싱싱하고 꼿꼿하게 서 있을 수 있게 하는 것이다. 지나고 나야 그 효과가 선명하게 드러난다.

그렇다면 나에게 도전하는 이 더위에는 어떻게 응전해야 하나? 나는 직접 맞서서 싸우기로 했고 그것은 참 잘한 결정이다. 그렇게 함으로써 위축되고 짜증나는 상황을 밀어내고 활력과 기쁨을 벌었기 때문이다. 그 과정에서 덤으로 새로운 깨침도 얻었다.

이웃과 대판 싸운 그 사람에게, 그를 절망케 한 이웃이 바로 그의 삶을 더 오랫동안 싱싱하고 꼿꼿하게 서 있을 수 있게 도와주는 '메기'일지 모른다고 말해 준다면 이해할까? 모르겠다. 여하튼 오는 비를 탓하지 말고 뒤따라올 무지개를 염두에 둘 일이다. 이 비 그치면 뒷산 능선이에 무지개가 걸릴 것이다.

나는 앞으로 만나는 모든 도전을 '메기'로 응전하기로 다짐하며 아주 기쁘게 걸음을 옮겼다.

# 일거리 줄이기

생략하고 생략하라.
껍데기는 버리고 정수만 취하라.

 

이곳에서 내가 주로 하는 일은 산책하고, 독서하고, 글을 쓰는 것이다. 이 생활이 더없이 여유롭고 만족스럽기는 하지만 가끔씩 쫓기듯 조급한 마음이 들 때가 있다. 이 불안감은 도대체 어디서 왔는가. 자유롭기 위해서는 반드시 그 근원을 밝혀 해결책을 찾아야 한다.

살펴보니 마음 밑바닥에 이런 생활을 이어가다가는 무리에서 뒤떨어질 거라는 불안감이 도사리고 있다. 이곳 사람들도 무리를 의식하기는 마찬가지다. 어떤 어부들은 자신의 수입보다 다른 어부와의 차액을 더 중요하게 여긴다. 할머니들이 산에서 약초를 캘 때도 어떻게든 상대의 양을 뛰어넘으려 한다. 이런 습관에 매여 있으면 죽을 때까지 눈코 뜰 새 없이 일을 해도 여전히 모자란다고 여겨질 것이다.

일상에서 '바쁘다'란 말이 가장 많이 쓰이는 단어가 되었다. 온갖 편리한 물건들이 다 갖추어졌는데 왜 바쁜가. 그것은 협력이 아닌 경쟁의 관계에 노출되어 있기 때문이다. 경쟁의 관계에선 비교가 필수여서 비교 우위를 점하기 위해 움직이고 또 움직여야 한다.

난 개인적으로 발명이란 말을 별로 좋아하지 않는다. 얼핏 발명이 생활에 매우 필요하며 유익한 것처럼 보여도 그렇지 않은 경우도 많다. 사람들은 발명이란 이름으로 자꾸만 새로운 것을 만들어내고 그것을 소비하도록 부추긴다. 발명품이 또 다른 발명품을 낳아 이 세상이 온갖 신기한 물건들로 가득하게 되어도 다시 새로운 걸 만들어 내지 않으면 직성이 풀리지 않는다.

사실 우리 인간이 살아가는 데는 그렇게 많은 것이 필요하지 않다. 노동을 줄여 주고 마음을 안정시켜 줄 몇 가지 물건들만 갖추어 놓는다면 그 외의 것들은 무시해도 괜찮을 것이다. 지금 당장은 필요하지 않더라도 앞으로 필요할 거라는 생각으로 물건을 구비할 필요는 없다. 지금 필요하지 않으면 앞으로도 필요하지 않을 확률이 훨씬 높다.

 잡다한 물건들을 받아들이기 시작하면 그에 따른 일거리도 늘어나게 되어 그만큼 더 힘이 든다. 지금 내가 가지고 있는 모든 물건을 다 합쳐도 백 가지도 채 되지 않는다. 그것만 가지고 꽤 오랜 시간 살아 봤지만 불편한 건 전혀 없다. 오히려 일거리가 줄어 홀가분해졌다.

 일거리를 줄일 수 있는 데까지 줄이고 싶다. 아무런 계획 없이, 있는 그대로의 자유와 평화를 누리며 살아갈 수 있다면 참 좋겠다. 자유는 속박에서 벗어나야 찾아오고 평화는 여유가 있어야 찾아온다. 일 없이 살아간다면 속박에서도 벗어나게 되고 여유도 생길 테니 자유와 평화, 두 마리 토끼를 다 잡을 수 있다.

 이런 나에게 누가 지나친 이상주의자라 할지 모르겠다. 일 없음은 경제 논리에 어긋나기 때문이다. 맞는 말이다. 하지만 핵심은 욕심을 줄여 자유의 영역을 더 넓히자는 것이다. 자유와 욕심은 늘 대치 관계를 이루고 있다. 밀고 당기며 서로의 영역을 침범하려고 호시탐탐 기회를 노린다. 자유의 영역을 확장하기 위해서는 욕심의 영역을 줄이는 것이 필수다. 욕심은 내적인 에너지를 갉아먹어 그 주인을 금방 지치게 만든다.

일거리를 줄인다는 게 한편으론 게을러진다는 말로 들릴 수도 있겠다. 게으르면 질서가 파괴되고 질서가 파괴되면 스스로와 타협하게 된다. 타협한다는 말은 내면에 자리 잡은 가치의 기준을 벗어난다는 뜻이다. 이 기준을 벗어나면 존재 자체가 초라해지고 궁색해지니 조심하지 않으면 안 된다. 일거리를 줄이되 타성에 젖어 게을러지지 않도록 순간순간 집심에야 한다.

어떤 사람은 노후에 대궐같이 좋은 집에서 여행이나 즐기며 잘 먹고 잘살기 위하여 일거리를 줄일 수 없다 한다. 미래에 기대를 거는 건 어리석은 일이다. 불확실한 미래의 미심쩍은 행복을 위해 확실한 오늘의 기쁨을 포기하지 말아야 한다.

야생의 동물들은 먹이를 구하느라 언제나 고달프다. 지성을 가진 인간은 그리 많은 노력을 들이지 않고도 손쉽게 그 문제를 해결할 수 있다. 그런데 뭐가 걱정인가. 인간의 품위를 유지하기 위해서라도 일거리를 줄여 일의 노예 직 신분에서 벗어나야 한다.

이 모든 걸 이렇게 잘 이해하고 있는데 왜 내 마음은 여전히 바쁜가? 그것은 아직 마음 안에 욕심의 찌꺼기가 남아 있기 때문일 것이다. 그러고 보니 마음 안에는 늘 두 가지 법이 대치하고 있다. 하나는 어떻게든 마음 바깥으로 욕심을 밀어내고자 하는 법이고 다른 하나는 마음 안으로 끊임없이 욕심을 불러들이는 법이다.

  그렇다면 어느 법을 따라야 하는지 분명해졌다. 물어보나마나 욕심을 밀어내는 법이다. 이 법에 따르면 나는 허송세월하는 것이 아니라, 내게 처한 환경과 입장 안에서 누구보다 충실히 살아가고 있다. 비록 내가 하고 있는 일이 눈에 금방 드러나지는 않지만 넘치도록 생산적이다.

  이런 생각을 하는 사이 어느덧 마음이 조용해졌다. 그러지 않겠다고 하면서 나도 모르게 자신을 무리 속의 경쟁 관계에 밀어 넣었던 것이다. 여유로워지려면 무리로부터 독립하여 스스로 경쟁 관계에서 물러나는 수밖에 없다. 경쟁 상대자가 없으면 언제나 자신이 일등이다. 이제 순간순간 깨어서 스스로를 돌아보아야겠다.

## 자비 실천

> 사랑의 말을 삼가라.
> 비난의 말을 삼가라.
> 실없는 말을 삼가라.
> 천박한 말을 삼가라.

집을 나섰다. 숲속 깊이 들어가 볼 생각이다. 깊은 숲은 풀꽃과 작은 곤충이나 벌레들의 아지트다. 그들과 오랫동안 교신하지 못했으니 오늘 직접 만나 안부를 확인해 봐야겠다.

큰길로 들어서니 배낭을 멘 등산객 둘이 걸어온다. 나와 마주치자 반갑게 인사를 건네더니 섬에 대해 알고 싶은 것들에 대해서 이것저것 물어본다. 이야기를 나누다 이곳으로 와서 살게 된 배경까지 드러내었다.

 이렇듯 마을을 다니다 보면 외지인을 만나게 되고, 나를 소개해야 하는 경우가 생긴다. 집과 가족은 도시에 있는데 거길 떠나 이곳에 들어와 실험 삼아 혼자 살아 보고 있다고 얘기하면 모두들 이상하게 여긴다. 어떤 사람은 병이 있어 요양하러 왔다고 단정하고 빚쟁이를 피해 도망 왔다고 의심하기도 한다. 마누라와 싸우고 집을 나왔다 생각하는 사람도 있다. 그래서 본의 아니게 필요 이상으로 이야기할 때도 있다.

 "은퇴를 하고나서 경치 좋고, 공기 맑고, 조용한 이 섬에서 그냥 단순하게 살아 보려고 왔어요."

 이러면 대개 고개를 끄덕이며 수긍하는 척한다. 하지만 속으로는 도무지 믿으려 하지 않는다는 걸 어찌 모르겠는가. 그냥 무시해도 좋겠지만 서비스 차원의 말을 몇 마디 덧붙인다.

 "최소한의 것만 가지고, 최소한의 일만 하고 살아도 행복할 수 있음을 증명해 보이고 싶어요. 산책하며 자연을 관찰하고 책을 읽고 글을 쓰는 게 내가 주로 하는 일이지요."

 이 정도면 충분히 설명이 되었을 것으로 믿었다. 나중에 다리를 몇 개 건너 돌아온 이야기에 따르면 여전히 많은 사람들이 다른 원인이 있을 거라며 의심을 거두지 않았다. 왜 사람들은 상대편이 하는 말을 곧이곧대로 믿지 못하는 걸까? 가만히 생각하니 그런 불신은 서로 소통하면서 자신도 모르게 익힌 학습의 결과물이다. 말 습관이 조금은 관계가 있어 보인다.

성격이나 환경에 따라 서로 다른 말 습관이 형성되는데 이 습관에 의해 말섞임이 이루어진다. 보통의 경우, 쉽게 될 갈등을 나름대로 완화시키기 위해 조금씩 에둘러 표현하거나 거짓말을 보태게 되고 행간에 의미를 숨겨 두기도 한다. 대화가 어떻게든 자신에게 유리하게 작용하여야 하기 때문이다. 이것은 일종의 자기방어며 호평을 받으려는 숨은 의도이기도 하다.

어쨌든 어떤 요인에 의해 부정적 말 습관에 매이게 되면 상대의 말에 의심을 품고 경계하게 된다. 상대도 그렇게 하리라 지레짐작하여 자신도 진실을 그대로 드러내지 않고 비비 꼬거나 아예 숨겨 버린다. 그러면 주는 대로 되갚는다는 원리에 따라 결국 손해를 보는 쪽은 자기 자신이다.

등산객과 헤어지고 가던 길을 간다. 오늘의 화두는 '말'이다. 말은 사람을 살리기도 하고 죽이기도 한다. 겸손하고, 친절하며, 진실한 한마디의 말이 절망 속에서 허덕이는 사람에게 희망의 빛이 된다.

반면에, 악의에 찬 저주의 한마디 말은 상대의 마음에 깊은 상처를 남긴다. 그 과정에서 죽음의 빛을 띤 분노가 형성되어 가슴속에 저장된다.

말에 상처를 받아 미움과 증오에 가득 차 불행한 삶을 살아가는 사람이 주위에 얼마나 많은가. 분노가 굳으면 철근 콘크리트보다 더 단단하다. 그것을 깨뜨리는 것은 거의 불가능에 가깝다. 스스로에 끼치는 악영향을 뻔히 알고 있으면서도 왜 벗어나지 않느냐 물으면 대개 그러고 싶지만 자신도 어쩔 수 없다 한다.

말하는 습관이 중요한 이유가 여기에 있다. 좋은 습관으로 좋은 말을 하면 좋은 에너지가 모인다. 반대로 나쁜 습관은 어떤 좋은 말도 부정적으로 해석하여 꼬고 비틀어 긍정의 에너지가 힘을 쓰지 못하게 만들어 버린다. 그렇게 자신과 상대를 서서히 파괴시킨다.

아이들은 부모가 쓰는 말의 영향을 가장 많이 받는다. 부모가 선한 말을 주로 하면 아이들은 성격이 온화하고 따뜻해지나, 악한 말을 주로 하면 거칠고 폭력적으로 된다. 그래서 부모는 부모이기 때문에 한마디 말이라도 허투루 할 수 없다. 말버릇에 의해 가풍이 생겨난다.

문득 곁의 나무들이 눈에 들어온다. 그리고 보니 그들은 오랜 세월 함께 모여 살면서 한 번도 다툰 적이 없다. 물론 더 넓은 자리를 차지하려거나, 햇볕을 더 많이 받으려는 다툼 정도는 있었을 것이다. 그것은 생존을 위해 어쩔 수 없이 선택한, 상대를 향한 최소한의 결례였을 테니 허용되어야 한다. 그 밖의 것은 대부분 공존을 향해 초점이 모아져 있다. 풀이나 나무가 이렇게 아름답고 깨끗하며 맑아 보이는 것도 다 이유가 있었던 것이다.

 숲속 깊이 들어선다. 오늘 만나기로 한 친구들의 모습이 언뜻언뜻 눈에 띈다. 노란 꽃등을 밝혀 들고 내가 오기를 기다리고 있는 풀꽃과, 마중을 나와 있다가 내 모습이 보이자 부끄러움에 얼른 낙엽 밑으로 숨어 버리는 등딱지가 까만 작은 벌레가 정겹다. 나비 한 마리는 환영이라도 하듯 너풀너풀 춤을 추고 있다.

 한참 동안 그들에게서 눈을 떼지 않고 바라본다. 순수하고 평화로운 기운이 가슴으로 스며든다. 이런 맛이 있어 다음에 또 찾아야겠다는 결심이 선다. 선한 교류는 서로를 사랑과 믿음의 끈으로 묶어 놓는다.

 더없이 달게 느껴지는 공기를 뱃속 깊숙이 들이마신다. 맑은 공기를 제공해 주는 나무가 참 고맙다. 그 곁에서 자리를 지키고 있는 모든 것이 다 고맙다. 그들은 분명, 좋은 에너지를 안으로 모아 쌓아 두었다가 쌓이면 밖으로 뿜어낼 게다. 침묵으로 그 일을 해낸다.

침묵이 말보다 더 가치가 있음을 느낀다. 침묵은 언어의 완성이다. 말에 끼어 있는 온갖 불순물을 거르고 걸러 한 점 티끌 없이 정화시켜 놓은 것이 침묵이다. 침묵의 언어로 대화를 나누는 나무와 풀꽃들은 아주 고차원적이다. 사람도 품격 높은 말을 하기 위해서는 침묵을 전제로 하지 않으면 안 된다.

가슴에 새길 만한 말에 관한 경구가 없을까 생각해 봤다. 문득 '자비 실천'이란 말이 떠오른다. 한참 동안 곰곰이 의미를 곱씹고 따져 보니, 이 한마디로 충분히 지침으로 삼을 만하다. 자비는 사물에 대한 사랑과 배려의 마음이니, 평생을 두고 이 한마디만 실천하려고 노력해도 뜻있는 일이 될 것이다.

자비 실천의 첫 번째 음을 따와 '자랑의 말을 삼가라.'는 말을 조합했다. 사람 됨됨이의 첫 번째 덕목은 겸손이다. 자랑하고자 하는 마음은 자신을 드러내고자 하는 교만의 마음이다. 자랑하지 말라는 말은 겸손하라는 말이다.

둘째 음을 따와 '비난의 말을 삼가라.'는 말을 조합했다. 비난하는 말은 바탕에 미움을 깔고 있다. 미움이 전제된 말은 벌써 의도가 불순하다. 이런 말버릇에 사로잡혀 있으면 인생의 반절을 다른 사람

욕하는 데 허비하게 된다. 욕은 부메랑이 되어 결국 자신에게 되돌아와서 화살촉처럼 뾰족한 날로 가슴을 꿰뚫고 인격을 파괴하여 삶을 황폐화시킬 것이다.

셋째 음을 따와 '실없는 말을 삼가라.'는 말을 조합했다. 실없는 말은 쓸데없는 말이다. 입에 발린 칭찬, 지킬 생각이 전혀 없거나 지키기 힘든 약속, 하지 않아도 될 만 농이 모두 실없는 말 범주에 속한다. 이런 말은 신뢰를 떨어뜨려 경계의 대상이 되게 한다.

마지막 음을 따와 '천박한 말을 삼가라.'는 말을 조합했다. 천박한 말은 품위를 손상시키는 말이다. 거친 욕설과 농담, 이간질하는 말, 상처를 주는 말, 지나치게 과장하는 말 등이다. 이런 말은 분위기를 급속하게 냉각시켜 주위를 어둡게 만든다.

이 네 가지 기준을 가지고 말살이를 한다면, 하는 말이 겸손하고 긍정적이고 따뜻하며 품위 있게 되어 나와 남에게 다 좋을 것이다.

자비 실천! 생의 마지막까지 안고 살아야 할 아름다운 행동 덕목이다.

# 길

> 길을 간다.
> 등에 진 짐을 벗어 놓고
> 어깨 위의 이념도 내려놓고
> 기쁨과 노여움이 저 스스로 지나가는 걸 지켜보며
> 사랑하는 내 삶의 길을 간다.

배를 타고 가면 여기저기 흩어진 섬들이 눈에 들어온다. 남해는 다도해란 이름에 걸맞게 조금만 이동해도 많은 섬을 지난다. 배의 움직임에 따라 섬은 달리 보인다. 산의 윤곽이 시시각각으로 변해 새로운 이미지가 생겨난다.

멀리 보이던 섬이 점점 가까워지면 산 밑의 마을이 드러난다. 섬

마을은 해 질 녘 섬돌 위에 웅크리고 앉아 들에 간 엄마가 돌아오기를 기다리는 아이처럼 애잔하다. 그걸 보고 있으면 어쩔 수 없이 마음이 시려온다.

마을 뒤로, 또는 산자락 끝으로 어김없이 하얀 선이 휘돌아 지나간다. 길이다. 녹색의 바탕 위에서 흰색은 선명하게 드러난다. 길은 침묵 속에 숨겨진 이야기인 양 묘한 여운을 품고 있다. 배가 섬을 돌아가면 마을은 사라지고 길만 남는다.

길은 나에게 얼마나 많은 꿈을 꾸게 했던가. 먼 산 위의 길을 바라보며 언젠가는 저 길로 걸어 나가 더 넓은 세상으로 나가 보리라 다짐했던 어릴 적 기억이 새롭다. 길이 끝나는 곳에는 나를 즐겁게 해줄 온갖 신기하고 완전한 것들이 기다리고 있을 것만 같았다.

걷고 또 걸어 우주의 끝에 다다랐다 할지라도 만나는 건 또다시 이어지는 길뿐이라는 사실을 어른이 되어서야 알았다. 신기하고 완전한 것은 언제나 길 너머에 존재하는 신기루에 지나지 않음을 깨닫고 적잖이 실망하기도 하였다.

길은 어김없이 산자락 끝에서 모습을 감춘다. 자신의 온전한 모습을 보여주고 싶지 않아 한 부분을 꼭 뒤에 숨겨 둔다. 산자락을 돌아가면 이미 보여준 부분을 다시 숨긴다. 눈에 익도록 보았다 하더라도 숨어 버리면 미지의 것이 된다. 이런 식으로 길은 나그네의 호기심을 끊임없이 자극하여 언제까지나 자신의 영역 안에 붙잡아 두려 한다.

길을 가다 문득, 늘 다니는 길이지만 어느 별나라의 낯선 길을 걷고 있다는 느낌에 잠겨들 때가 있다. 내가, 내가 아니고 제삼자가 되는 것이다. 나는 길을 걷고 있지만 의식은 길을 걷고 있는 나를 바라보고 있다. 그럴 때는 한없이 자유로워져서 언제까지고 하염없이 걷고 싶다는 생각에 사로잡힌다.

같은 길을 가도 주위의 풍경은 늘 다른 모습이다. 날씨에 따라 또, 그날의 기분에 따라 색채와 모양과 형태가 조금씩 바뀐다. 길은 무엇인가를 산의 가슴 깊숙이 숨겨 두었다가 가끔씩 꺼내 보이기도 한다. 그것은 초대한 자를 지루하지 않게 하기 위한 나름대로의 배려다.

이 세상의 모든 것은 다 자신의 길을 가지고 있다. 자유 의지에 의한 선택으로 길이 정해졌으니 험하다고 투덜거릴 일이 아니다. 마음에 들지 않으면 다른 길로 접어들면 된다. 살짝 귀띔하면 다른 길도 실제 가 보면 지금의 길과 별반 다르지 않을 것이다. 그래서 길의 선택보다 길을 대하는 태도가 더 중요하다.

돈이나 명예나 권력도 스스로의 길을 가지고 있다. 돈은 자신의 길을 따라 세상 구석구석을 돌고 돌다가 때가 되면 필요한 사람에게 온다. 돌아오는 몫이 이만하면 충분하다는 생각이 드는 사람에게는 더 빠른 걸음으로 온다. 부족하다고 불평하는 사람들 앞에서는 속도를 늦춘다. 지나치게 욕심을 내는 것을 경계하도록 걸음을 멈추기도 한다.

명예는 자기의 생의 길을 통과해야 다다를 수 있는 저 외 높은 봉우리다. 봉우리에 오르기 위해서는 겸손한 자세로 항구하게 노력해야 한다. 어떤 이는 이 법칙을 무시하고 교만한 마음을 품거나 단시간에 쟁취하려고 한다. 그러면 여지없이 미끄러져 밑으로 추락한다.

권력의 길은 반드시 그 끝을 가지고 있다. 거기를 통과하는 동안은 화려하고 빛나더라도 끝에 다다르면 빛은 사그라지고 모습은 초라해진다. 화려함 뒤의 초라함은 비참함으로 비춰진다. 이 길은 때로 시궁창을 통과하기도 하는데 그곳을 지나면 악취가 풍긴다. 가능하다면 이런 길은 피해 가는 것이 좋다.

나는 나의 길을 가면서 사업을 더욱 확장시키기로 마음을 굳혔다. 주어진 것에 만족하며 그냥 살아지는 대로 살아가기로 하였는데 그 일을 완성하려면 나만의 사업을 확장하지 않으면 안 된다. 그것은 더 많이 버리고 더 적게 소유하여 더 단순한 삶을 사는 것이다. 그리고 그 가운데 더 큰 가치와 행복을 발견하는 것이다.

내가 그런 삶에 적극적이 된 이유는 그렇게 살아도 조금의 부족함이 없을 것임을 잘 알고 있기 때문이다. 덤으로 더욱 큰 자유와 기쁨을 얻으리라는 것을 잘 알고 있기 때문이다. 삶은 결과가 아니라 과정이다. 결과가 아무리 좋아도 과정이 좋지 못하면 올바른 성공이라고 말할 수 없다.

곧게 나아가다 굽이돌며, 때로는 숨 가쁘게 오르다가 가파르게 내리 달리고, 좁아졌다 넓게 트이기도 하는 게 길이다. 우리네 인생길도 마찬가지다.

3

가
을

# 글쓰기

> 그대의 삶이
> 삶에 대한 찬미로 이어져
> 마침내 의미의 대양에 이르게 하라.

 자칫 단조롭게 여겨질 수 있는 일과에 조금의 변화를 줄 수 있는 게 글쓰기다. 글을 쓸 때 상상력은 날개를 달고 이곳저곳을 떠다닌다. 정숙의 시간을 거쳐 이미 보았던 것들을 다시 보고, 들었던 것들을 다시 들으며, 기억 속에 저장된 사물이나 현상에 대한 특별한 느낌도 다시 경험한다. 정신을 한군데로 집중시키고 캐내고자 하는 사상을 향해 천천히 걸음을 옮긴다.
 내가 특별히 '트인 시·공간'이라 이름 붙인 그곳에는 걱정이나 고민, 부정적 견해가 존재하지 않고 내가 원하는 것들만이 존재한다. 아무것도 단절되거나 막히지 않으며 제한 없이 무한하다. 그곳에서 나는 부족한 경험들을 보충하고 미숙한 사랑을 숙성시킨다. 아무리 우중충한 것이라도 광을 내고 색을 입혀 새롭게 단장한다.

산책길에서 돌아와 원고지를 앞에 두고 앉으면 수도자가 된 기분이 든다. 생각의 흐름을 따라 한 자 한 자 하얀 칸을 메워 가는 작업은 기도에 다름 아니다. 기도는 신적 존재와 이루어지는 소통이므로 섣부른 태도로 임할 수 없다. 생각과 마음을 모아 정성을 다하여 가치의 핵심을 펜 끝으로 흘려 보낸다. 이렇게 하여 세상의 모든 것에 아름다운 의미를 부여한다.

삶은 의미 부여의 과정이고 글쓰기는 이런 삶을 드러내는 것이다. 순간순간 만나는 삶의 조각들에 어떤 의미를 부여하느냐에 따라 운명이 결정된다. 의미 부여에 따라 조각 작품이 우상이 되기도 하고 성상이나 위대한 예술품이 되기도 한다.

정반대의 두 삶에서 각각의 삶이 어떻게 과거와 연결되어 있는지 따져 보라. 어느 고비에서 서로 다른 의미 부여로 극단적인 갈림 현상이 생겨났음이 확연히 드러날 것이다. 마찬가지로 미래의 삶도 현재의 의미 부여에 의해 결정될 것임이 틀림없다.

똑같은 비중의 일을 두고도 사람에 따라 서로 엇갈린 의미를 부여한다. 그 부분이 서로 갈라지는 지점이다. 마침표를 찍을 때가 되면 차이가 실로 엄청나다. 운명은 그렇게 갈린다. 더 나은 삶을 위해서 더 나은 의미를 부여하지 않으면 안 된다.

어떤 사람은 작은 어려움이나 고통에도 부정의 의미를 부여하여 신세를 한탄하고 사소하여 실명의 구렁텅이에 빠진다, 또 어떤 사람은 다른 사람이 보기에 도저히 헤어날 길 없어 보이는 불행에 맞닥뜨려도 긍정의 의미를 부여하며, 더 큰일을 위한 단련의 과정이나 숨어 있는 행운 앞에서 반드시 거쳐야 하는 예비고사쯤으로 여긴다.

주위에서 많은 예를 찾아볼 수 있다. 자폐 아들을 둔 한 어머니는, 이런 아들을 자신에게 봉사 직무를 수행케 하기 위한 절대자의 특별한 배려라 여기고 기쁜 마음으로 보살펴 훌륭한 수영 선수로 키워내었다. 똑같은 처지의 한 어머니는 그 사실이 창피하고 부끄러워 골방에 가두고 밖으로 내돌리지 않았다. 그리고 늘 자신의 처지를 비관하며 운명의 저주라 여기고 신세 한탄을 일삼았다. 그의 온 생이 잿빛 구름 속에 잠기게 되었음은 너무나 당연하다.

지금의 일이나 현상 뒤에 숨어 있는 뒷날의 상황은 아무도 모른다. 그러기에 긍정의 의미를 부여하고 적극적으로 대처하며 기다리는 것이 중요하다. 지레 겁을 먹고 벗어날 방도만 구하는 것만큼 어리석은 일은 없다.

글에서 흔히 상징의 표현을 볼 수 있는 것은 글쓰기 자체가 의미를 부여하여 긍정을 드러내는 일이기 때문이다. 똑같은 풍경일지라도 작가의 눈에는 더 아름답게 보인다. 그것은 사고의 작용으로 풍경에 어떤 특별한 의미가 부여되어서다. 보통 이야깃거리일지라도 작가의 가슴을 거치면 더욱 순수하고 깨끗해져 마침내 아름다워진다.

의미 부여의 숨은 공로자는 은유다. 직설 화법으로만 의사를 전달하는 동물과는 달리 인간의 언어가 차원이 높게 된 것은 은유 덕분이다. 은유는 사고의 폭을 넓혀 뜻을 더 풍성하게 한다. 은유가 아니면 문학 작품 속의 문장이 신문 기사처럼 건조하게 될 것이다. 이 은유를 꼼꼼히 살펴보면 필연적으로 의미 부여의 과정을 거쳤음을 알게 된다.

나는 글을 쓸 때 몇 가지 원칙을 지킨다. 먼저, 표현을 간결하게 하려고 노력한다. 글이 간결하면 읽기가 편하여 메시지 전달이 훨씬 쉽다. 다음은 원망이나 증오 시기 비난 등 부정적인 여운이 행간에 남아 있지 않도록 힘쓴다. 알다시피 글쓰기가 의미 부여의 과정이라면 부정한 것들에게 날개를 달아 주어서는 안 된다. 물론 그들을 이용하여 긍정의 의미를 더욱 강조할 수는 있다. 그게 아니라면 그런 것들을 단호히 물리쳐야 한다. 원한, 적개심, 분노, 부정의 감정을 품고 있는 글은 깨끗하지 못하다.

또, 마음과 몸이 정결하다는 느낌이 들지 않으면 펜을 들지 않는다. 누구와 말다툼을 하든지 좋지 않은 일로 마음 안에 분노나 걱정이 차 있을 때는 산책, 독서, 명상 등 나만의 방법을 통하여 가라앉히고 펜을 든다. 또한 글을 쓰기 전에 샤워를 하고는 보송보송한 옷으로 갈아입는다. 그래야 글이 술술 잘 풀린다.

나는 또 의도적으로 환경을 바꾼다. 지금도 그렇지만 글을 쓸 때 며칠씩 집을 떠나 낯선 풍경과 풍물 속에 머문다. 그런 환경에서는 설렘 속에서 하고 싶은 일을 할 수 있으며 새로운 이야깃거리도 더 잘 떠오른다. 그리고 즐거움이나 새로운 친교 등, 글 외의 것들을 수확하기도 한다.

글을 쓸 때 반드시 필요한 게 아이디어인데 그것을 잡아 두기 위해서는 메모가 으뜸이다. 책을 읽다가, 이야기를 나누다가, 길을 걷다가 문득 떠오르는 생각들을 메모의 그릇에 담아 두는 것이다. 아이디어는 안개와 같아 붙잡아 두지 않으면 금방 증발해 버리고 만다.

원고지를 덮는 순간까지 다른 세계는 존재하지 않는다. 나는 트인 시·공간에서 물고기처럼 헤엄을 치거나 새처럼 날며 자유를 만끽한다. 원고지의 글을 컴퓨터에 옮기고 다듬는 과정을 거치면 나의 글쓰기는 한 단계의 과정을 마무리하게 된다.

# 더 느리게

> 여보게, 그리 서두를 것 없네.
> 삶의 결승선에선 순위 측정 방법이 다르다네.
> 성과를 재지 않고 만족도를 잰다네.
> 그러니, 느리게 더 느리게 순간순간을 음미하며 걸어가게.

이웃 섬인 노대도에 가는 배가 있어, 타고 가서 하루를 지내고 왔다. 노대도는 상노대와 하노대, 두 개의 섬으로 이루어져 있다. 내가 간 섬은 하노대다.

하노대엔 마을이 하나밖에 없다. 몇 가구 되지 않는 마을이랄 것도 없는 마을이다. 마을의 한쪽 끝에서 다른 쪽 끝까지 손에 잡힐 듯 빤히 보이는 길은 걸어서 이삼 분쯤 걸린다. 큰길은 그게 다다.

마을 뒤에는 언덕에 오르는 오솔길이 있는데 오 분쯤 걸어 꼭대기에 다다르면 길이 없다. 그 길은 밭에 가기 위해 만들었다. 꼭대기에서는 욕지도의 모습이 시원하게 보인다. 이 섬에선 큰길과 오솔길, 골목길까지 구석구석 다 헤집고 다녀도 이삼십 분도 채 걸리지 않을 것 같다.

  이 이야기만 듣고는 감옥처럼 좁아 숨이 턱턱 막힐 것 같은 그곳에서 도대체 무슨 일을 하며 어떻게 살 수 있겠나 생각할 것이다. 하지만 이곳도 사람 사는 곳이어서 채소도 가꾸고 고구마도 심으며 염소도 키운다. 그늘에 모여 밭에서 수확한 강낭콩을 까며 수다도 떨고 바다에서 뜯어 온 해초를 손질하여 햇볕에 말리기도 한다. 용돈을 마련하기 위해 굴이나 홍합을 따 와서 깔 때도 있다. 비도 내리고 햇빛도 쏟아지며 때로는 태풍도 불어온다. 바닷가 여느 마을과 조금도 다르지 않다.

  그런데 신기한 사실을 발견했다. 여기서는 시간의 흐름이 전혀 감지되지 않는다. 아침에서 저녁까지 물리적인 시간이 흐르기는 했지만, 마음으로 느끼는 시간은 도착한 바로 그 시점에 멈추어 있다.

  어느 집에 들어가 점심으로 팥 국수를 얻어먹고 다른 집에서는 껍질째 찐 굴을 대접 받았다. 아직은 따가운 볕을 피하여 뉘 집 처마 그늘에 놓인 소파에 앉아 사람들이 바다에서 일하는 모습을 바라보다가 마을을 한 바퀴 돌고는 정자에 가서 누워 파란 하늘 속으로 흘러가는 구름을 보았다.

바닷가를 거닐다가 얕은 곳에서 놀고 있는 손바닥보다 조금 큰 쥐치 한 마리를 잡고, 언덕을 올라가서 폐교를 둘러보았다. 다시 마을 사람과 이야기를 나누며 소파에 앉아 있다가 택배로 부칠 김을 리어카로 옮기는 일을 도와주고 냉수 한 잔을 얻어 마셨다.

이렇게 하루해를 보내고 두미도로 돌아왔다. 이 모든 것이, 시간의 흐름에 따라 일어난 일이 아니며 노대도에 도착한 그 순간 한꺼번에 일어난 일처럼 여겨졌다. 섬에 내리기 위해 발을 내딛는 순간 어느새 돌아갈 시각이 되어 배에 오르는 발을 디딘 것이다.

이것을 시간이 빨리 갔다고 하지 않고 정지되었다 표현한 것은 시간의 개념으로는 그 느낌을 설명하기가 쉽지 않기 때문이다. 어쨌든 시간 속에 머물러 있지 않으니 지루할 것도 없고 서두를 것도 없었다. 모든 것이 여유로웠고 편안했으며 만족스러웠다.

비로소 이런 느낌은 섬이란, 그것도 문명과는 철저하게 격리된 아주 작은 섬이란 특수한 환경에서 가능하다는 것을 깨달았다. 도시에서는 일들이 치밀하고 조직적이어서 잠깐 한눈을 팔면 실타래가 형

클어지듯 모든 것이 뒤죽박죽이 된다. 그래서 늘 긴장하며 시간의 흐름을 주시하고 있어야 한다.

이 작은 섬에서는 도대체가 욕심낼 일이 없다. 그냥 주어진 환경에서 살아가면 그만이다. 잠에서 깨면 일어나 밥을 먹고, 늘 하던 대로 바다나 밭에서 일을 하다가 피곤해지면 집으로 돌아와 한숨 자고, 할 일이 없으면 소파에 앉아 바다를 보든지 산에 올라 바람을 쐬든지 하면 될 일이다.

산업 사회가 도래하면서 경쟁 체제가 도입되었고 그때부터 시간은 돈으로 환산되었다. 사람들은 경쟁에서 앞서기 위해 시간에 날개를 달아 더욱 빨리 흐르도록 강요하고 있으며 그것으로도 모자라 이미 가속이 붙어 있는 상태인데도 채찍을 가하기까지 한다.

그러나 결과는 어떠한가? 어느 날 아침 눈을 떠 보니 늙고 병들어 있지 않은가. 그리고 침대 위에서 등받이 큰 베개에 등을 기대고 누워, 경쟁자를 제치고 더욱 전진하여 도저히 따라잡을 수 없는 지점까지 추월한 뒤에 하기로 계획한 그 일을 회한에 젖어 떠올리지 않는가. 이것은 경쟁자의 숙명이다.

더 실속 있게 사는 방법은 없는 것일까? 있다. 너무나 간단하다. 자신도 모르는 사이에 굳게 거머쥔 경쟁의 배턴을 집어 던지고 질주의 대열에서 이탈하여 느리게 더 느리게 걸어가는 것이다. 그렇게 하면 시간의 흐름이 원래의 상태로 회복되어 조금의 허실이 없게 된다.

상노대와 하노대 사이의 작은 바다는 조류의 흐름이 완만해 양식업에 제격이다. 몇몇 사람이 가두리 망을 설치해 놓고 고기를 키운다. 전하는 사람의 말에 따르면, 사업은 굉장히 큰 사업이지만 실질적인 이득을 보는 사람은 드물다 한다.

양식업은 예상외로 할 일이 많은데 거기 들어가는 인건비와 시설 관리비, 특히 천정부지로 치솟기만 하는 사료값을 감당하기가 힘에 겹도록 벅차다. 또 투기성이 강해 태풍이나 높은 수온, 적조, 출하 시의 가격 하락 등의 상황이 발생하면 이를 만회할 길이 전혀 없다.

많은 경우 수억 원씩의 빚을 떠안게 되며 빚을 갚기 위해 마지못해 사업을 지속하는 경우도 허다하다. 물론 운이 따라 주어 성공하는 사람도 있기는 하나 그런 사람은 얼마 되지 않는다.

그는 말한다.

"뼈가 부서져라 일해도 우리보다 못한 사람 많습니다."

그 사람은 아침나절에 바다에 나가 주먹보다 큰 굴을 한 소쿠리 따 와 삶아서 점심으로 먹었으며, 사업가가 비싼 사료 부대를 어깨에 메고 땀을 뻘뻘 흘리며 땡볕 속을 걸어 가두리 위로 오르는 동안 소파에 앉아서 시원한 바람을 맞으며 나와 함께 여유롭게 이야기를 나누고 있다.

　해가 떨어져 볕이 사라지면 뒷밭에 나가 싱싱한 푸성귀를 따 와 식탁에 올릴 것이다. 푸성귀만으로 부족하다 여겨지면 잠시 낚싯대를 드리울지도 모르겠다. 만족스런 모습으로 미루어 보아 더할 나위 없이 풍족하게 살고 있으며 거기에 비례하여 그가 보내는 일상의 시간들에 살이 오르고 알이 차게 되었다.

# 아침

산마루 언덕에 올라
여명 속에 머물러 보라.
이윽고 해가 떠오르면 그 아침이,
온전히 자신의 것임을 알게 되리.

잠에서 깨면 새소리가 가장 먼저 반긴다. 새들은 내가 깨어나기를 기다리고 있었다는 듯이 방문 바로 앞에서 재재거린다. 주로 박새나 개개비 곤줄박이 참새들이다.

새소리를 들으면 참 반갑다. 그 소리가 어서 잠자리를 털고 일어나라는 명령 같기도 하고, 밖으로 나와 맑은 새벽 공기를 마셔 보라 권하는 말 같기도 하다. 그러거나 말거나 잠자리에 그대로 머물러 있을 때가 더 많다. 이리저리 뒹굴거나 새들의 언어를 나름대로 해석하며 게으름의 시간을 연장한다.

　새소리를 한참 들어 보니 같은 종뿐만 아니라 다른 종끼리도 더러 소통이 이루어지는 것 같다. 언뜻 들으면 너나없이 무질서하게 지껄이는 것 같아도 조금만 주의를 기울이면 일정한 규칙을 가지고 있음이 드러난다. 다른 종의 소리도 일부는 이 규칙에 따른다.

　다만 무리를 이루고 있는 참새만이 질서 없이 재잘거린다. 자유 담소를 즐기는 그들의 성향을 나무랄 생각은 없지만, 내 방문 앞에 너무 오랫동안 머무르지 않았으면 좋겠다. 그런 기대와는 달리 녀석들은 아예 눌러 살 요량인 양할 때도 있다. 그래도 밉게는 생각되지 않는다. 세상 물정에 오염되지 않은 순수의 언어를 제멋대로 구사하는 철부지 아이처럼 여겨져 오히려 귀엽기조차 하다.

　다시 드는 잠의 달콤함을 포기하고 일어나 새소리를 배경으로 깔고 명상에 잠긴다. 하루 동안 하게 될 일들을 떠올려 순서를 매기며 또 새로운 일거리가 없나 따져 본다. 늘 같은 일이긴 하지만 그런 과정을 거침으로 마음을 다잡을 수 있다. 행여 귀찮은 마음에 휘둘려 할 일을 다음으로 미룰까 해서다. 미룬다 해도 상관은 없지만 하고자 하는 일을 마쳤을 때의 상큼한 느낌이 더 유혹적이다.

명상은 늘 저 녀석들이 저렇게 지껄여 대면 빨리 배가 고파지겠다는 생각으로 끝을 맺는다. 그때쯤 문이 환하게 밝아와 해가 산 위로 솟아올랐음을 알아차린다. 그 시점이 스스로 더 이상의 게으름을 허용하지 않는 마지노선이다.

내가 있는 마을은 북향이라 해가 마을 오른쪽의 산에서 뜬다. 바다에서 뜨는 남쪽 마을보다 한참 늦다. 바다에서 뜨는 모습을 보려면 일주로를 따라 모롱이를 몇 굽이 돌아가야 한다.

이곳에 와서 한 번도 바다에서 해가 뜨는 모습을 보지 못하였다. 새벽에 일찍 눈을 떴다가도 다시 잠에 빠져들거나 그게 아니라도 귀찮다는 생각에 기회를 가지지 못했다. 지나친 게으름을 경계하기로도 했으니, 어쩌다 한 번쯤은 새벽에 자리를 털고 일어나 길을 나서는 것도 괜찮을 성싶다.

다음 날 새벽, 일찌감치 일어나 집을 나섰다. 여명 속에서 바다와 섬들과 나무와 마을이 모습을 드러낸다. 눈에 익긴 했지만 잘 보지 못하던 낯선 풍경이 되어 있다. 새벽안개가 엷은 막을 친 듯 살짝 끼어 눈앞의 모습을 신비롭게 만들었다.

모든 것들은 변하지 않고 그대로인데 이 시각엔 왜 달리 보일까 의아하다. 일찍 일어나 먼저 와서 품에 안기는 자에게 주는 포상으로, 자연이 금방 입김을 불어 정화의 의식을 치렀다는 걸 깨닫는다. 새벽 에너지의 상호 교류에 의해 나무들처럼 나에게도 푸릇푸릇 물이 올랐으며 그로 인해 내가 더욱 싱싱해졌다.

이런 새벽 풍경을 마주 대하는 것은 풍경 속의 모든 것들에게 생명을 불어넣는 행위다. 내가 생명을 불어넣지 않으면 그들은 생명을 얻지 못한 채 미명 속에 머물러 있을 것이다. 그들은 분명 나의 부지런함을 찬양하리라.

모롱이를 돌아간다. 바다 위의 하늘이 붉은빛을 띠고 있다. 맑은 듯 투명하고 밝은 듯 은은하다. 너무나 아름다워 인간의 물감으로는 도저히 표현할 수 없을 것 같다. 태양은 세상에 생명의 빛을 나눠 주기 위한 준비 작업으로 먼저 붉은 빛깔을 내보내는가 보다.

붉은빛이 조금씩 진해진다. 태양은 산고의 아픔을 겪고 있다. 그 아픔이 바다 밑으로 길게 뻗어 있다. 파도를 따라 일렁거리는 핏빛 물결이 참 애처롭다. 해는 부끄러운 듯 손톱 끝만큼 얼굴을 내미는가 싶더니 이내 불쑥 솟아오른다. 자신의 역할을 다한 붉은빛은 강렬한 흰빛에게 자리를 내어 주고 사라진다. 드디어 아침이다.

새소리가 더욱 선명해진다. 그 소리는 얼마나 활기차며 사랑스러운가. 세상의 모든 것이 그렇듯, 새는 지금 자신에게 가장 어울리는 소리를 내고 있다. 그 소리가 귀에 거슬리는 사람이 있다면 슬픈 일이다. 그것은 아기의 옹알거림이 귀에 거슬린다고 탓하는 것과 마찬가지다.

내가 깨어 있지 않을 때 아침은 새들의 것이었다. 그때는 아침을 새들에게 내어 주고 잠자리에서 뒤척이기만 했었다. 이제 새와 내가 아침을 공유하고 있다. 새와 나 사이에 더욱 친밀한 기류가 흐르기 시작했음을 인지한다.

이웃 마을까지 걸어갔다. 마을 안으로 들어설까 하다가, 개가 짖으면 늦은 잠을 즐기는 사람에게 방해가 될 듯해서 돌아서서 걸었다. 내가 방해받기 싫다면 남도 방해받기 싫을 것이다. 남을 배려하는 마음은, 갈고 닦고 다듬어 극도로 순화시킨 고차원적인 감정이다.

그사이에 해는 더욱 불쑥 솟았다. 발밑에서 위를 올려다보며 미소 짓는 풀들과 인사를 나누며 걸었다. 쑥, 구절초, 엉겅퀴, 방가지똥, 민들레, 머위, 망초, 명아주들이 이 세상에 있어 고맙다. 그런 것들이 아니면 세상이, 귀퉁이가 뭉텅 잘려 나간 것처럼 허전할 것이다.

마을로 돌아오니 그제야 맞은편 끝자락으로 햇살이 비껴들기 시작했다. 해가 높이 오르면 범위가 차츰 넓어져 골고루 비칠 것이다. 세상 만물은 그렇게 빛이 주는 생명을 맞아들일 것이다. 빛 속에 서 있어야 빛을 맞을 수 있다.

　오늘 하루는 건강을 위한 어떤 음료를 마시지 않아도 될 것 같다. 폐부 속 깊이, 행여 묻어 있었을지도 모르는 세균은 이미 맑은 새벽 공기로 깨끗이 씻어내었다. 이 약효는 언제가 되든 아침 해가 새로 뜨는 모습을 보게 될 때까지 지속될 것이다.

　조금 부지런한 덕분에 여느 때와 달리 진정으로 아침을 소유하게 되었다.

# 어느 하루

> 메메로 살아갈 하루에 제목을 붙여 보라.
> 자유, 평화, 친절, 사랑 등의 제목을 붙이고
> 거기 맞춰 살아 보라.

 

오늘도 역시 새 지저귀는 소리에 잠이 깼다. 창호문의 밝기로 보아 아직 이른 새벽이다. 시계를 볼까 하다가 그만두었다. 이곳에 사는 데 시각이라는 것이 그리 중요하지 않다. 그것은 제 스스로 왔다가 지나갈 뿐이다. 눈길을 시각에 붙박아 두면 거기에 종속될 수밖에 없다.

사람들은 보통, 시간의 종이 되어 시계를 보고 밥을 먹거나 일을 하거나 잠자리에 든다. 시각을 모르면 배가 고플 때 밥을 먹고, 일이

하고 싶을 때 일하고, 잠이 올 때 잠자리에 들면 된다. 고민 없이 그렇게 할 수 있는 건 은퇴한 자의 특권이다. 똑같은 일을 해도 시간에 매여 있지 않으면 참 편하다.

오늘 하루 시계를 보지 않고 지내기로 마음먹는다. 시시때때로 시계를 보는 습관에 제동을 걸어, 스스로 왔다가 지나가는 시간을 나에게 다소곳이 복종시킬 생각이다. 그렇게 시간의 주인이 되려 한다.

먼저, 살게 될 하루에 '자유'란 제목을 붙인다. 그러니까 오늘 나는 자유다. 자유이므로 아직 한두 시간은 더 잘 수 있다. 갑자기 행복감이 밀려온다. 새소리를 자장가 삼아 다시 잠에 빠져들었다.

정말 오랜만에 하늘을 나는 꿈을 꾸었다. 어릴 적에는 그런 꿈을 퍽 자주 꾸었지만 어른이 되어서는 거의 꾸지 못했다. 하늘을 날면서 눈 아래 세상을 굽어보았다. 작은 언덕과 흐르는 강과 푸른 풀밭을 지났다. 하얀 길을 지날 땐 땅과 가까워졌는데 햇빛을 받아 반짝이는 자갈과 작은 모래가 한 알 한 알 환하게 보였다.

날면서도 몸이 밑으로 내려앉지 않도록 힘썼다. 한 번 내리면 다시 떠오르기가 힘들다는 것을 인지하고 있었다. 한번은 온 세상을 한참 날아다니다가 갑자기 몸이 무거워져 풀밭에 내렸었다. 다시 떠오르려고 수십 번을 펄쩍펄쩍 뛰어올랐으나 뜻을 이루지 못해 참 아쉬웠다. 다행히 이번에는 원하는 만큼 맘껏 잘 수 있었다.

여객선의 뱃고동 소리를 듣고서야 일어났다. 몸을 깨우기 위해 밖으로 나가 간단한 스트레칭을 하고 신선한 아침 공기를 가슴 깊숙이 들이마셨다. 눈길을 돌리니 돌담장 너머로 바다가 가득 들어온다. 통발이나 그물을 거두러 가는 어선 두 척이 시야에서 멀어지고 있다.

그동안 아침을 먹지 않고 지냈는데 오늘만 예외로 한번 먹어볼 생각이다. 기존의 질서에 따르지 않는 것도 자유다. 따뜻한 밥을 고슬고슬하게 지어 고추장과 들기름을 한 숟갈씩 넣고 비벼 한입 물고 책을 펼쳤다. 책을 읽으면서 녹말이 포도당으로 분해되어 단맛이 느껴질 때까지 천천히 씹었다.

평소보다 독서량도 늘렸고 더없이 만족스러운 식사다운 식사도 했다. 간소하지만 최고의 식사였다. 이 식사는 영과 육에 그만큼 좋은 영향을 미칠 것이다. 역시 요리의 종류나 맛보다 음식을 대하는 마음가짐과 태도가 중요하다.

세수를 하고 큰길로 올라갔다. 구전마을에 갈 생각이다. 방과 마루와 마당이 볼 때마다 티끌 하나 없이 깔끔하고 흐트러지지 않아 내가 '깔끔이 할매'라고 이름 붙인 할머니의 집이 저만큼 앞에 보였다. 사실 할머니는 마을 사람들에게 '딱따구리 할매'로 통한다. 말을 따따따따 따발총 쏘듯 하기 때문이다.

할머니 마당의 발 위에 널어놓은 고추의 색깔이 유난히 빨갛다. 그 옆 평상 위에는 호박오가리가 꾸덕꾸덕 말라가고 있다. 빨랫줄에는 가지를 세로로 길게 잘라 걸어 놓았다. 조각 사이에 대꼬챙이를 끼워 서로 달라붙지 않게 했다. 그 모든 것이 할머니의 성품에 맞게 유난히 깔끔하게 정리 정돈 되어 있다.

내 어릴 때 기억이 떠올라 멈추어 서서 그 모습을 한참이나 지켜보았다. 가을이 되면 어머니도 그렇게 겨울 채비를 했다. 발, 멍석, 가마니 따위를 마당에 펼쳐놓고 그 위에 고추, 가지, 호박, 토란 줄기 따위를 널어 햇볕에 바싹 말렸다. 가끔씩 여우비가 내리면 집에 홀로 남은 네 살짜리 동생이 혼자 낑낑대고 그 모든 것을 봉당 위 비 안 맞는 곳으로 옮겼다는 이야기가 우리 집에서 전설처럼 내려온다.

다시 걸음을 재촉하며 주위를 살피니 산 위로 뻗어 있는 토끼길이 눈에 띈다. 그 길은 저수지에 연결되어 있다. 벌써부터 가 보고 싶었는데 잊고 있었다. 거기에 먼저 가 보기로 하고 주위를 살피며 올라갔다. 예전에는 이 높은 곳에도 몇 집 살았던 모양이다. 쓰러져 있는 집도 보이고 멀쩡한 채 비어 있는 집도 보인다.

저수지는 제방만 높았지 물은 겨우 발목을 적실 만큼만 고여 있다. 여러 가지 안내를 새겨 둔 '경고판'이 보인다. 물이 깊어 위험하니 들어가지 말라는 말이 참 어색하다. 이 아름다운 곳에서 꼭 경고라는 무시무시한 말을 사용해야 할까? 그냥 '위험할 수 있으니 조심하세요' 하면 안 될까?

큰길로 내려와 다시 걸음을 옮겼다. 내내 바다를 볼 수 있어 발걸음이 심심치 않다. 멀리에 사량도, 추도, 노대도가 보인다. 더 돌아가면 연화도, 욕지도도 보일 것이다. 집들이 옹기종기 모여 있는 동네와 구불구불 산허리를 감아 도는 하얀 길이 눈에 들어오기도 한다.

이웃 섬의 집들을 보면 그곳에 사람이 살고 있다는 사실이 신기하게 여겨진다. 저렇게 조용하고 저렇게 아름답고 저렇게 평화로워 보여도 사람 사는 데니 분쟁이 끊이지 않을 것이다. 그들을 진정시킬 화평의 전령사를 마음으로 날려 보낸다.

햇빛 가득한 길 위로 길앞잡이 수십 마리가 앉아 있다가 내 발걸음 소리에 놀라 후두둑 날아올라 도망을 간다. 길앞잡이는 작은 손톱만 한 크기에 머리는 청록색이고 가슴은 붉은색, 등은 무당벌레처럼 붉은 바탕에 검은 점무늬가 있다. 이 녀석들은 꼭 길만 따라 도망을 갔으므로 꽤 오래 함께 걸었다.

모롱이를 돌아가니 학교가 눈에 들어왔다. 얼마 전까지 두미도의 하나뿐인 학교였는데 지금은 폐교가 되었다. 그 학교의 마지막 학생 주호를 알고 있다. 봉사활동으로 한 학기 동안 시를 쓰는 법과 피리를 부는 법을 가르쳤었다.

교문 앞에 한참 앉아 있다가 왔던 길을 되돌아 걸으며 바다를 보니 색깔이 더 밝아졌다. 같은 대상이라도 대하는 때와 마음에 따라 달리 보인다. 걸음을 멈추고 바다를 바라보다가 돌멩이를 주워 돌팔매질을 몇 번 하였다. 바다까지 미치지 못하고 나무숲 어딘가에 둔탁한 소리를 내며 떨어졌다.

한 모롱이를 더 돌아가서는 전봇대에 기대어 피리를 불었다. 불면서 '바다가 들을까?' 생각했다. 듣기만 하는 것이 아니라 기억까지 할 것이라 여겨졌다.

차를 마시러 '낙원'으로 가니 '등대'가 먼저 반겨 준다. 배를 땅바닥에 깔고 엎드려 있다가 발자국 소리를 듣자 힐끗 보더니 내가 걸어오고 있는 것을 발견하고 조금의 귀찮은 기색도 없이 벌떡 일어나 나무토막을 입에 물고 반긴다.

차를 마시며 한참의 시간을 보냈다.

저녁이 되어 방에 들앉아 있으니 바깥에서 바람 부는 소리가 요란하게 들려왔다. 바닷가에서 부는 바람은 가끔씩 종잡을 수 없다. 하지만 무슨 걱정인가. 바람 소리로 인해 방이 더욱 아늑해지지 않았는가.

  친지 몇 사람에게 전화를 하고 나니 잠이 쏟아진다. 오늘 하루도 제목에 맞게 아주 자유로웠다. 그래서 참 좋았다.

# 태풍

> 태풍이 온다.
> 나뭇가지가 꺾이고 집이 흔들린다.
> 파도는 으르렁대며 기슭을 할퀸다.
> 제멋대로 날뛰도록 내버려 두면 결국 다 지나간다.
> 상처는 곧 아물 것이다.

태풍이 오고 있다는 예보를 접했다. 가을 태풍이 더 힘이 세고 강력하다는 말을 들은 적이 있어 조금 긴장되었다. 청석에 사는 할머니는 태풍 부는 날 방에 들앉아 있으면 집이 뿌리째 뽑혀 하늘 속으로 날아가 버릴 것 같은 생각이 든다고 했다. 할머니는 이 세상에서 가장 무서운 것이 도둑도 아니고 강도도 아니고 바로 바람이란다.

섬에서는 많은 일이 바람에 연결되어 있다. 집을 지을 때 처마는 더 낮게, 창문은 더 작게, 담장은 더 높게, 이런 구호가 필수가 되었다. 어떤 나무는 보기가 좀 싫어도 바람을 막아 주니 베어내지 않으며, 어떤 나무는 잘생기고 쓸모가 많아도 쓰러질 때 집을 덮칠 염려가 있으니 베어낸다.

옛날에 지은 집들은 모통 마당을 가운데 두고 마주 보는 두 개의 건물 구조로 되어 있다. 바깥의 건물은 창고 용도로 쓰고 안쪽의 건물은 주거용으로 쓴다. 바깥 건물이 바람을 막아 주는 역할을 하여 안채에서는 안전하게 지낼 수 있기 때문이다.

섬 집의 특징 가운데 두드러지는 것은 지나칠 정도로 짧은 처마와 작은 문이나 창문이다. 처마가 길면 바람이 불 때 양력이 커져서 지붕 전체가 위험해질 수 있다. 문이나 창문이 크면 바람을 이겨내지 못한다.

담장은 주로 돌담이다. 대부분 집의 처마 선보다 높다. 사람들이 바람을 얼마나 의식했는지 엿볼 수 있는 부분이다. 집의 모양을 내거나 바다 풍경을 즐기기 위한 설계는 낭만일 뿐이다.

태풍이 온다는 예보를 들으면 어민들은 바빠진다. 바다에 쳐 둔 그물이나 통발을 거두어 안전한 장소에 보관하고, 잡은 고기는 공판장에 내다 판다. 배도 피난을 간다. 여기서는 주로 삼천포항을 피난처로 삼는다. 삼천포 내항에 정박시키고 밧줄로 서로 묶어 높은 파도에 견딜 수 있게 한다.

규모가 작은 배는 아예 육지로 끌어 올린다. 대부분의 선착장에는 기중기 시설이 마련되어 있다. 기중기로 배를 들어 올려 수레에 얹어 안전한 곳으로 끌고 가서 고정시킨다. 바닷가 집에 사는 사람들은 혹시 물이 넘칠지 몰라 높은 곳의 이웃집에 피해 있기도 한다.

드디어 바람이 불기 시작한다. 나무가 천천히 일렁거린다. 오후 네 시인데 이미 사방이 어둑어둑하다. 장대비는 아니지만 비는 계속 내리고 있다. 도랑물 흐르는 소리가 콸콸 들리는 걸로 보아 꽤 많이 내렸다.

문을 열어 놓고 시선을 바깥에 두었다. 대나무 숲 전체가 바람결 따라 움직이는 모습이 눈에 들어온다. 움직임은 어떤 리듬을 가지고 있는 것 같다. 나무들이 한 그루 한 그루 따로 움직이는 것이 아니고 전체가 한꺼번에 일렁인다.

아직 그리 큰 바람은 아니다. 큰 바람은 작은 바람 뒤로 따라올 것이다. 무엇이든 큰 것은 작은 것을 앞세운다. 사람들은 그걸 전조라 한다. 전조를 보고 뒤의 것을 가늠할 수 있다. 자세히 살피면 아마 운명에서도 전조를 발견할 수 있을 것이다.

빗방울은 점점 굵어지고 바람도 한층 거세진다. 본능적으로 주위에 위험 요소는 없는지 살핀다. 지금 내가 머물러 있는 집은 지붕만 날아가지 않는다면 안전하다. 다만 뒷집의 마당에 선 전봇대가 마음에 걸리지만 거리로 봐서는 안심해도 될 것 같다.

빨랫줄 구석의 담장과 담장 바깥의 나무 사이에 반짝이는 것들이 있다. 자세히 보니 거미줄에 맺힌 물방울이다. 거미줄 가운데에는 어김없이 거미가 한 마리씩 매달려 있다. 세어 보니 모두 여섯 마리다. 약하디약한 거미줄이 이런 바람에 온전할 수 있을까. 일렁이는 정도로 봐서는 불가능할 것 같다. 나는 불가능에 베팅했다.

밤이 되자 바람은 절정을 향해 치달았다. 처음의 리듬감은 사라지고 제멋대로가 되었다. 나무와 산과 전깃줄이 신음 소리를 낸다. 신음 소리는 곧 전쟁을 방불케 하는 아우성이 되었다.

가로등 불빛 속에 나뭇잎이 휘날리는 모습이 보인다. 가끔씩 나뭇가지도 더러 뚜두둑 소리를 내며 부러졌다. 어둠 속에서는 어떤 큰 짐승이 으르렁대는 것 같은 소리도 들린다. 무언가 큰일이 일어날 것 같은 불안감이 엄습했다.

우산을 쓰고, 아니 두 손으로 부여잡고 담장 너머를 지켜보다가 막아서는 바람을 억지로 밀쳐내며 대문 밖으로 몇 발짝 나섰다. 물이 안개 막을 만들어 바다 위로는 아무것도 보이지 않았다.

안개가 휩쓸려 가는 모습으로 바람의 통로를 가늠할 수 있었다. 방파제를 넘어온 바람은 저수지와 이어진 계곡을 중심으로 두 갈래로 갈라져 산 위로 치달았다. 바람길이 일정한 법칙을 갖고 있다면 그걸 참고하여 집을 지으면 피해를 덜 보겠구나 생각했다.

바람은 정말로 미친 듯했다. 상상으로 지어 보곤 하던 창 넓은 거실의 설계를 바꾸지 않으면 안 될 것 같은 느낌이 들었다. 지금 이 순간엔 넓은 창으로 온 바다를 받아들이겠다는 계획은 사치일 뿐이다. 담장보다 낮은 집의 모습에 투덜거리곤 했는데 그것이 오히려 다행이다 싶다.

방으로 들어와 귀만 바깥을 향해 열어 두었다. 이십여 분쯤 지난 뒤 절정의 시간이 끝났다는 걸 느낌으로 알았다. 바람은 여전히 으르렁거렸지만 기세가 많이 꺾였다. 그럴 수밖에 없을 것이다. 무엇이든 다 지나가게 되어 있으니까. 이 단순한 진리를 깨닫고 있다면 어떤 역경이 닥쳐와도 평상심을 잃지 않을 것이다.

바람이 더 잦아들어 다시 바깥으로 나가 보았다. 물안개가 말끔히 걷혀 시야가 넓어졌다. 모습을 감추고 있던 바다도 훤히 보였다.

"아!" 하고 탄성을 질렀다. 손으로 잡힐 듯 가까운 바다 한가운데에 고층 아파트가 들어섰다. 세어 보니 모두 열 채다. 거대한 상선이 태풍을 피하려고 섬 가까이 정박한 것이다. 불을 환하게 밝혀 둔 모습이 꼭 아파트 같다. 불야성이란 말이 이런 경우에 잘 어울리겠다.

바람이 약해긴 하지만 아직두 집채만 한 파노가 방파세글 덮지곤 하였다. 철썩이는 소리와 하얗게 부서지는 포말이 밤공기를 갈랐다. 문득, 밤이 지나면 그 모두가 입을 싹 닦고 아무 일도 없었다는 듯 시치미를 뗄 것이라는 생각이 들어 웃음이 나왔다.

다음 날 아침에 일어나니 마당은, 떨어지거나 꺾여 날아 들어온 나뭇잎과 나뭇가지로 엉망이 되어 있다. 청소를 하기 전에 먼저 거미줄을 확인했다. 이럴 수가! 기적이 일어났다. 하나, 둘, 셋, 넷, 다섯, 여섯. 정확히 여섯 개의 거미줄이 단 하나도 손상되지 않고 처음 그대로의 상태를 유지했다. 거미들은 여전히 거미줄 가운데 매달려 먹잇감을 기다렸다.

거미줄을 지탱해 주는 빨랫줄과 나뭇가지가 그렇게 심하게 흔들렸는데 어찌 이렇게 말짱할 수 있을까. 생각할수록 불가사의하기만 하다. 자신 있게 말하거니와 거미줄은 사람이 감히 흉내 낼 수 없는 최상의 건축 재료다.

마을 사람을 만나 태풍의 피해가 없었느냐 물었다. 그런데 사람들은 한결같이 지난 저녁의 그 바람을 태풍으로 인정하지 않았다.

"그게 뭐 바람입니까. 불려다가 만 거지요."

말투로 보아 과거의 태풍은 이와는 비교가 되지 않을 정도로 거세었던 것 같다. 그런 바람이라면 참으로 대단했겠다. 아주 큰 바람을 경험하면 어지간히 큰 바람도 작아 보인다. 삶에서도 큰 태풍을 경험하면 다른 어떤 비바람은 가랑이만 조금 적시는 이슬비에 불과하게 여겨질 것이다. 그렇다면 역경도 분명 기회다.

# 낚시

낚시를 하자.
미끼는 작은 여유
낚는 것은 평화라는 이름의 큰 고기.

　방파제나 바위 위에서 여유롭게 낚싯대를 드리우고 있는 사람이 더러 눈에 띈다. 대부분 외지인으로 주로 낚싯배를 이용해서 온다. 낚싯배는 원하는 지점에 낚시꾼을 내려 주고, 혹시나 무슨 일이 생길지 몰라 증거용 사진을 찍고 돌아간다. 그 뒤 약속한 시간에 다시 와서 낚시꾼을 데려가면 낚시의 일정이 끝난다.
　낚시꾼이 챙겨 오는 장비를 봤는데 어마어마하다. 부피뿐만 아니라 무게도 만만치 않다. 나도 한때 낚시를 전문적으로 배워 볼까 하다가 장비에 기가 눌려 그만두었다. 그런 것들을 소지하고 관리하는 것도 보통 일이 아니지 싶다. 단순하게 사는 데 방해가 되는 것은 단호히 물리쳐야 직성이 풀린다.

어려운 시절에 도피 행각으로 낚시를 즐기는 사람이 더러 있었으나 지금은 경제적인 여유가 없으면 낚시도 하지 못할 것 같다. 고급화된 장비의 구입비에다 교통비 숙박비까지 보태면 큰 경비가 들어간다. 단지 물고기만을 얻기 위해서라면 낚시 자체가 어리석은 일이 된다.

이곳의 민박집에는 한여름 피서 철을 제외하고는 대부분 낚시꾼이 묵는다. 그중에 자주 와서 얼굴이 익은 사람도 더러 있다. 친구와 둘이서 짝을 지어 정기적으로 오는 사람이 있는데 그는 은퇴를 하고 낚시를 다니는 재미로 산다고 했다. 그 사람이 오는 건 많이 봤는데 고기를 잡은 건 별로 보지 못했다.

그래도 낚시를 다녀와서 며칠이 지나면 이번에는 대어를 낚을 것 같은 예감에 사로잡혀 몸이 근질근질하고 좀이 쑤셔 도저히 견딜 수 없다 한다. 어떤 사람은 이런 현상을 마약 중독에 비유하기도 한다. 아무리 끊고 싶어도 짜릿한 손맛의 느낌이 너무나 강렬해 자신도 모르게 다시 장비를 꾸리게 된다는 것이다. 하기야 이런 기대나 희망이 없다면 세상살이가 많이 팍팍할 것이다.

 전에 한 민박집에 머문 열 명 남짓한 낚시꾼은 밤새도록 한 마리도 낚지 못했다. 그중 몇몇은 화가 나서 입을 한 발씩 내밀고 깨끗한 바닷물에다 더러운 욕을 한 바가지씩 쏟아부었다. 물론 예상 밖의 심심풀이 서 둘 배 무 엇 나 부산에서 온 사람 하나는 두 시간 동안 볼락을 한 박스나 낚았다.

 아침 일찍 바닷가에 가 보면 밤을 꼬빡 새운 낚시꾼을 더러 볼 수 있다. 눈은 게슴츠레 충혈되어 있고, 얼굴에는 개기름이 좌르르 흐르며, 표정은 술 취한 사람처럼 무표정하다. 도대체 낚시의 어떤 매력이 그를 저렇게 지치도록 붙잡아 두었는지 따져 보지만 얼른 이해가 가지 않는다.

 나도 그동안 몇 번의 낚시를 하였다. 전갱이와 고등어, 학꽁치를 주로 낚았다. 난 낚시 자체보다 낚시터의 분위기가 더 좋았다. 머리 위로 기울어진 북두칠성과, 여러 별들의 무리와, 맑은 날이면 환히 드러나는 은하의 강이 가슴을 사뭇 뛰게 하였다. 부드러운 바람결과 풀벌레 소리와 바다 건너 뭍의 불빛도 참 좋았다.

 밤에 낚시를 할 때면 늘, 나를 둘러싼 어둠 속의 모든 환경이 원시의 상태로 되돌려지곤 하였다. 나는 홀로 원시 속에 던져졌으며 그 순수한 에테르 속을 발가벗은 채로 유영하며 떠다녔다. 고기는 잡혀도 그만 안 잡혀도 그만이었다. 고기가 물어 낚싯대를 잡은 손에 힘이 전해 올 때면 잠깐씩 깨어 현실로 돌아왔다.

고기를 떼어낼 때에는 "미안해, 정말 미안해." 하고 중얼거렸다. 전갱이와 고등어는 손으로 잡으면 "끽끽." 하는 신음 소리를 낸다. 어쩌면 그것은 죽음을 인지하여 우는 소리인지도 몰랐다. 그런 소리를 듣는 것도 그리 유쾌한 일이 아니었으므로 차라리 빈손으로 돌아올 때가 더 홀가분했다.

바닷가를 거닐 때는 낚시와 관련된 상상을 할 때가 많다. '저쪽 갯바위 위에서는 씨알이 굵은 녀석이 걸려들겠군. 저기에선 입질조차 오지 않을걸. 방파제 끝 쪽에는 물속에 돌이 많아 낚싯바늘이 걸리기 쉬우니 조심해야겠군.' 하는 따위의 생각을 하면서 진짜 낚시꾼이 된 듯한 기분에 사로잡히곤 한다.

그럴 때는 낚시를 전문적으로 배워 보고 싶은 욕구가 더욱 강렬해진다. 내가 선뜻 낚시를 배우려 하지 않는 것은 세 가지 이유에서다. 첫째는 부피가 크고 무거운 장비를 챙기고 건사하는 게 번거로워서다. 둘째는 물고기를 건져낼 때의 짜릿한 손맛이, 한 생명을 거두어야 한다는 우울감보다 더 크게 느껴지지 않기 때문이다. 셋째는 구태여 고기를 낚지 않아도 고기가 흔하기 때문이다. 여기서는 회나 생선구이가 먹고 싶으면 언제든지 먹을 수 있다.

그래서 직접 낚시를 하기보다 낚시하는 사람 곁에서 구경하는 것을 더 즐긴다. 곁에 앉아 있으면 그 사람과 금방 동화된다. 서로 다른 입장이나 기다리는 목적이 같으므로 낚시꾼의 기분을 옆에서도 충분히 느낄 수 있다. 덤으로, 추구하는 삶의 본질 속에 내가 나와 함께 머물러 있을 수 있다. 사실 덤에 더 마음이 당긴다.

어느 날 문득 낚시 구경이 하고 싶어져서 재 너머 철이를 졸랐다. 저녁이 되자 갯지렁이를 충분히 파 두었으니 오라는 연락이 왔다. 만반의 준비를 하고 갔는데 바람이 솔솔 불기 시작했다. 저녁을 얻어먹고 한참을 기다려도 바람이 자기는커녕 더욱 거세졌다. 결국 우려했던 대로 파도가 심해 낚싯대를 펼치지도 못했다.

집으로 돌아오며 고기 낚는 일은 역시 나에게 그리 어울리지 않는구나 생각했다. 그렇다면 나는 삶에서 무엇을 낚아야 하나? 보다 가치로운 것, 향기가 나는 것, 선한 것, 관계에서의 지혜, 조건 없는 사랑, 이런 것들을 낚아 올려야 하지 않겠나. 그런 낚시꾼이 된다면 참 좋겠다.

자다가 깨어 한밤중에 밖으로 나가 보았다. 바람은 잦아들었고 바닷가 군데군데 녹색 불이 켜져 있다. 녹색 등은 고기를 불러들이기 위한 유인 등이다. 많은 사람이 불빛과 미끼로 고기를 속여 낚시를 하고 있다.

사람들은 낚시를 하면서 무슨 생각을 할까? 오직 손끝의 감각에만 집중하여 생각을 할 겨를이 없는 무념의 상태에 있는 걸까? 아무튼 그들의 낚싯대로, 고기 담을 통에는 도저히 담을 수 없는, 우주의 그릇에 담을 만한 커다란 사상도 함께 건져 올렸으면 좋겠다.

# 방문객

뉘 삶을 보려거든
걸모습보다 이면의 의미를 보라.
세월이 오고 가매
사랑이 앙금처럼 남을 건가 반드시 살피라.

    이곳에 사는 동안 몇 번의 친지 방문이 있었다. 도착하자마자 그들이 처음에 하는 말은 "참 좋다."다. 하루 뒤에는 "사나흘 정도는 견딜 만하겠다."며 이틀이나 사흘이 지난 다음에는 "이런 곳에서는 도저히 못 살겠다."는 것이다.
    보이는 것은 바다와 산뿐이고 그 흔한 가게나 술집, 식당 하나 없는 곳이니 그렇게 말하는 것도 무리는 아니다. 그들의 마음 바탕에는 이미 길들여진 문명의 이기와 관습에 대한 향수가 진하게 깔려 있다. 그래서 섬에 들어온 순간, 폐쇄되었다 생각하고 분리 불안을 느끼게 된다.

섬은 폐쇄되어 있지 않다. 도시의 어느 변두리와 마찬가지로 문명의 중심으로부터 조금 멀리 떨어져 있을 뿐이다. 문명의 영역으로 들어가기 위해서 이용하게 될 교통수단이 기차나 버스에서 배로 달라질 뿐이다.

어쨌든 나는 그들을 기쁜 마음으로 맞았으며 함께 먹고 마시고 담소를 나누며 즐겁게 지냈다. 주된 대화는 하늘과 바다와 풀과 나무, 바람에 관한 것이다. 이런 대화는 해도 해도 질리지 않았고, 오히려 하면 할수록 이야깃거리가 더욱 풍성하게 생겨났다.

은퇴 후 실험 삼아 섬에서 살아보고 있다 하면 다들 몹시 놀라며 의아하게 여긴다. 하기는 문명을 완전히 등진 듯이 여겨지는 곳에서 산다는 것 자체가 호기심을 자극하기에 충분하다. 실험이란 말이 내뿜는 묘한 여운도 호기심에 불을 붙이는 데 한몫을 한다.

처음에 사람들은 내가 얼마 동안이나 이 생활을 견뎌낼 수 있을 것인가에 대해 의문을 가졌고 대부분이 얼마 버티지 못할 거라 지레짐작했다. 한 주가 지나니 한 달은 채우지 못할 거라 했고, 한 달이 지나니 조금 더 두고 봐야 한다 했다. 한 계절을 보내고 나서야 비로소 나의 체류가 인정받았다.

절간처럼 고요한 곳에서 무엇을 하며 무료함을 달랠 수 있느냐 물으면 바다와 나무와 바람의 이야기에 귀를 기울이다 보면 하루해가 짧게 느껴진다고 대답한다. 섬 둘레 길을 걸으며 자연의 안깨비기 모습을 관찰하는 것도 너무너무 재미있다는 것도 밝힌다. 그러면 모두들 한번 와 보고 싶어 한다.

누구든 오겠다고 하면 거절하지 않는다. 내가 할 수 있는 일은 그들이 이곳에 머무는 동안 불편하지 않도록 편의를 제공하고, 섬 구석구석을 안내하거나 정서를 공유하는 것이다. 그런 중에 나의 삶을 있는 그대로 보여주면 된다.

방문객을 태운 배가 올 시각이 가까워지면 선착장으로 나간다. 주변의 사람들과 대화를 나누거나 맑은 바닷속을 들여다보며 배를 기다린다. 가끔씩 해산물을 널거나 뒤집거나 운반하는 일을 도와주기도 한다. 무얼 하든 마음은 여객선이 나타날 산모롱이 바다에 가 있다. 이런 기다림의 여운이 참 좋다.

여객선은 도착하기 오 분쯤 전에 뱃고동을 울린다. 이 소리를 들으면 이상하게도 마음이 설렌다. 이는 마음만 먹으면 언제든지 원하는 곳으로 떠날 수 있다는 잠재의식의 작용 때문일 것이다. 머물고자 하는 마음속에는 늘 떠나고자 하는 마음이 도사리고 있다.

　선착장은 비밀의 문이나 다름없다. 이 문을 통하여 세상과 선경의 거래가 이루어진다. 배는 세상 돌아가는 소식을 가득 싣고 와서 짐짝처럼 부려 놓고 그 대가로 선경의 일상 한 부분을 취하여 돌아간다.

　이윽고 뱃고동이 울리고 배가 들어온다. 짐과 사람들이 몰려나오기 시작하고 곧, 아는 얼굴이 갑판 위에 나타난다. 손을 번쩍 들어 환영의 인사를 건네면 방문객은 얼굴 가득 함박웃음을 지으며 화답한다. 이 짧은 순간에 어떤 이야기를 해도 통할 것 같은 믿음이 생긴다.

　'낙원'에 짐을 풀게 한 뒤, 차나 시원한 음료를 한 잔 마시고 고운리 쪽으로 산책을 나선다. 가는 길에 방 한 칸뿐인 나의 거주지를 보여 준다. 두 다리를 쭉 뻗고 누워도 또 그만한 공간이 남아서 참 좋다는 말로 너무 좁니, 불편하니, 이런 데서 어떻게, 하는 말이 나오지 못하도록 방벽을 쳐 둔다.

　다시 길로 나와 천천히 걸으면서 생활 안에서 기쁨을 발견하는 나만의 특별한 방법을 설명한다. 이야기는 주로 산책과 독서, 글쓰기와 빈둥거리기에 초점이 모아진다. 그런 것들을 통하여 삶을 진정성 있게 대하는 자세에 대한 이해를 돕는다.

산책을 하면서 어떤 친구를 사귀었으며, 사귄 친구와는 어떻게 친교를 이어 가고 있는가도 알려 준다. 그들은 세속의 친구와는 또 다른 매력을 가지고 있어, 보고 또 봐도 다시 보고 싶다 한다. 친교 활동을 통해서 서로 간에 사랑이 깊어지고 있으며, 그런 사랑으로 인해 세상이 더 아름다워진다는 말도 잇지 않는다.

그 친구가 다름 아닌 풀꽃이나 나무, 아기 벌레나 곤충, 구름이나 바람, 새나 숲속 작은 동물이라는 걸 밝히면 조금 의아해하지만 모두 거부감 없이 받아들인다. 사실 친구의 의미는 오래 사귄 사이보다 마음을 주고받는 사이에 더 가깝다.

독서에 대해서도 이야기를 나눈다. 지금 읽고 있는 책은 예전에 몇 번 읽었던 책인데 마음에 들어 다시 읽고 있다는 걸 알린다. 읽을 책을 추천해 달라 하면 망설이지 않고 '월든', '준주성범' 두 권의 책을 소개해 준다. 뒤에 들은 얘기에 의하면 모두들 그 책을 구해서 읽기 시작했지만 재미가 없어 어느 한 권도 끝내지는 못했다 한다. 아마 끝까지 읽기는 불가능하지 않을까 스스로 판단하고 있단다.

어떤 글감으로 무슨 내용의 글을 쓰며 글을 쓸 때 내 마음이 어떠한 상태에 있는가도 빼놓지 않는다. 글은 곧 나의 삶이며 글 쓰는 것이 행복한 이상 삶 또한 행복하지 않을 수 없다는 사실을 대화를 통해서 이해하게 된다. 사실 나에겐 글쓰기가 신앙이나 마찬가지다.

마지막으로 빈둥거리기에 대해서 설명할 때는 정색을 한다. 자칫 잘못하면 시간만 좀먹는 놈팡이로 비치기 십상이기 때문이다. 어떻게든 긍정적인 의미가 부각되어야 이해가 가능해진다. 긍정은 삶을 지탱하는 힘이기 때문이다.

그래서 빈둥거림 속에서 해야 할 일을 하고 있다고 강조한다. 사실 내가 미니멀리스트가 되어 단순하게 살기로 한 것도 잘 빈둥거리기 위해서인데, 사람을 만날 때는 친교를 나누고 새와 바람을 만날 때는 사랑과 평화의 의미를 되새기며 행복을 확인한다는 걸 알린다.

그런 과정 가운데 어쩌다 나 자신을 만나기도 하는데 그때는 평소와는 달리 조금 더 진지해져서 차분하게 앉아 성찰의 시간을 갖는다는 것도 밝힌다. 그러면 스스로에 대한 사랑이 무르익을 대로 무르익게 된다고 일러 준다. 이런 생활에 몹시 만족하고 있으며 또한 빈둥거림이 의미를 획득한 만큼 생산적이기도 하기 때문에 상당히 높은 수준의 삶의 질을 유지하고 있다는 말로 끝맺는다.

적당한 곳에서 되돌아온다. 다시 고운마을을 지날 때는 마을 앞 바다가 석양에 곱게 물들어 있다. 대체로 일몰은 굉장히 아름다운데 그들은 하느님의 걸작을 감탄하며 넋을 잃고 감상한다. 이것만 해도 먼 길에 대한 충분한 보상이 되고도 남는다.

낙원의 바깥주인이 우리를 위해 만들어 준 통나무 버너에 불을 붙인다. 이 버너는 두 자쯤 되는 통나무를 위에서 아래로 삼분의 이 되는 위치까지 구멍을 뚫고 다시 옆쪽에서 구멍을 뚫어 만든 것이다. 불을 피우면 아래쪽 구멍이 아궁이 역할을 하여 나무속이 타면서 윗구멍으로 불꽃을 내뱉는다.

이 위에 불판을 올리고 준비해 온 고기를 구우면 색다른 정취가 있다. 음식 조리가 끝나면 통나무는 모닥불로 사용한다. 보통 서너 시간 정도 타기 때문에 즐거운 시간을 충분히 가질 수 있다.

고기가 익고 마을 어부에게 부탁해 둔 회가 도착하면 잔치가 시작된다. 흥이 나면 어떤 이는 알고 있는 시를 낭송하기도 하고, 또 다른 이는 악기를 연주하기도 한다. 허밍으로 노래를 흥얼거리는 사람도 있다. 자유로운 분위기 속에서 파티가 무르익는다.

이쯤 되면 온갖 풀벌레들과 하늘의 별과 파도 소리를 잔치에 참여시키지 않을 수 없다. 우린 서로 어우러져 함께 섞인다. 생각과 마음을 주고받으며 서로 동화된다. 밤이 깊어 이슬이 내려 으슬으슬해질 때야 비로소 잠자리에 든다.

다음 날에는 '낙원'의 봉고를 얻어 타고 지난 산책길의 반대편으로 나들이를 나선다. 섬을 돌아보면 풍광이 특히 아름다운 곳이 있는데 그런 곳에는 차에서 내려 사진을 찍으며 조금 더 머물러 있다 간다. 이때는 주로 두 눈이 대화의 주체가 된다. 입으로 하는 말은 소음일 뿐이다.

두미도 최고의 경치는 청석의 언덕에서 바라보는 풍경이다. 두미도의 꼬리가 한눈에 보이고, 그 너머로 욕지도와 다른 섬들이 옹기종기 모여 있는 모습이 멋진 조화를 이루고 있다. 날씨에 따라 바닷물의 색깔과 섬의 모습이 조금씩 달리 보인다.

맑은 날은 안경을 끼고 보는 듯 선명해 보이고 흐린 날은 회색 계통의 색깔이 두드러진다. 안개가 옅게 낀 날은 또 다른 신비한 모습을 연출한다. 이런 모습을 한참 동안 바라본다. 바다 위의 풍경은 아무리 보아도 눈이 피로해지지 않는다.

대개 감탄하며 이런 곳에서 살아 봤으면 원이 없겠다는 반응을 보인다. 그러면 나는 바로, 그럼 그러라 한다. 이런 경우 모두, 그러고 싶지만 사정이 허락하지 않는다거나, 나중에 주변이 정리가 되고 여유가 생기면 그때 한번 다시 생각해 보겠다 한다. 원하는 사람은 많지만 선뜻 실행에 옮기는 사람은 거의 없다. 많은 일에 신경을 쓰지만 실상 중요한 것은 바라는 삶을 사는 것 한 가지뿐이다. 이 기회를 놓치면 어쩌면 영영 기회를 잡을 수 없을지도 모른다.

 섬 일주 관광을 마치고 돌아오면 점심때다. 식사를 하고 차를 마시며 한참 쉬면 오후 배 시간이 된다. 방문객은 집으로 돌아가기 위해 거의가 이 배를 타고 통영으로 나간다. 이렇게 섬에서의 일정이 모두 끝난다.

 알고 지내는 외국인 친구가 다녀가기도 했다. 그는 파도가 철썩이는 갯바위 아래서 바닷물에 몸을 담그고 "원더풀!"을 연속으로 외치며 꼬리를 길게 끌며 미끄러지는 섬 그림자를 황홀한 듯 바라보았다. 소라와 전복을 숯불에 구워 먹는 체험도 할 수 있었고 난생처음 회도 맛보았다. 어쩌면 영원히 해 볼 수 없을지도 모르는 매우 특별한 체험을 했다고 고백했다.

 가끔씩 하루나 이틀 더 머무는 경우도 있지만 대개 하루만 묵고 이튿날에는 떠나간다. 그들이 떠나고 나면 다시 나만의 일상이 시작된다. 모든 일정이 전과 다르지 않지만 방문객이 다녀간 후에는 나눠 받은 에너지로 가득 차서 활기차게 되어 만나는 모든 것들이 더욱 신선하게 느껴진다.

 사람들이 나를 찾아와서 두미도를 보고 갈 때는 단순하고 간소하며 자유로운 삶에 대한 가능성을 보고 갔으면 한다. 그리하여 운명처럼 얽매인 다양한 사슬로부터 풀려나 진정한 미니멀리스트가 되기를 소망한다.

더 많이 가져야겠다는 사슬, 더 높이 올라야겠다는 사슬, '조금만 더'를 외치며 선한 계획들을 모조리 뒤로 미루게 한 사슬들에 대한 계약을 파기하고 자유롭게 되는 것이다. 그것만이 진정으로 삶을 사랑하는 길이다. 단순한 삶은 사람을 더욱 사람답게 만든다.

# 집

오직 사람만을 위해 존재하게 하라.
다 덜어내고 최소한만 남겨
거처할 영혼이 가장 안락한 상태가 되게 하라.

사람은 집에서 태어나서 집에서 살며 집에서 생을 마친다. 일생의 반 이상을 집과 함께한다. 이런 이유로 집은 안락하고 쾌적해야 한다. 일을 마치고 돌아왔을 때 편안한 기분이 든다면, 피로도 빨리 풀리고 새로운 힘이 충전될 것이다.

집의 일차적인 기능은 휴식이다. 음식을 준비하여 가족이 함께 나누고 즐겁게 소통하며 휴식을 취한다. 동선이 불편하거나 수리할 곳이 생기면 이런 기능이 약화된다. 편의성의 관점에서 크기와 구조를 절충하면 만족감이 상승할 것이다.

동선이 짧고 튼튼한 집이 좋다. 끊임없이 하자가 생겨 이것저것 고치고 다듬다 보면 주객의 위치가 바뀌어 사람이 집을 위해 존재하는 꼴이 된다. 그야말로 집은 사람만을 위해 존재해야 한다. 사람이 주인이다. 크든 작든, 웅장하든 초라하든, 아름답든 그렇지 않든, 그런 것들은 이차적인 문제다.

집도 그러길 원한다. 주인이 건강해야 집도 건강해지기 때문이다. 집은 몸담아 사는 주인과 함께 호흡하고 에너지를 나누며 목숨을 이어 가는 생명체다. 사람이 살고 있는 집은 반들반들 윤기가 흐르며 건강한데, 사람이 떠나면 부석부석해지고 끝내는 여기저기 무너져 내리기 시작한다. 몇 년이 지나면 고치지 않고는 살 수 없는 폐가가 되고 만다.

이곳에 오니 가장 먼저 눈에 띄는 것이 담장보다 낮은 처마의 소꿉놀이 장난감 같은 작은 집이었다. 아무리 내가 단순하게 살기 위해 작은 집을 선택한다 해도 이 정도는 아니지 싶다. 하지만 살면서 그런 집도 생각만큼 그렇게 불편하지 않다는 걸 알게 되었다.

우선, 집이 작으면 작을수록 필요 없는 동선이 사라지고 아주 사소한 것 외에는 고칠 것도 생겨나지 않는다. 공간이 작다 보니 사람의 영역을 침범해 오는 그리 중요할 것도 없는 물건들을 단호하게 바깥으로 내보내게 되어 더 여유롭다.

중요한 것은, 작은 집에 익숙해지면 크고 화려한 집보다 오히려 안온하게 여겨진다는 사실이다. 인간은 선천적으로 작은 공간에서 더 큰 안락함을 느끼도록 설계되어 있음이 틀림없다. 세상에 나오기 직전에 살던 집도 몸만 겨우 수용할 수 있는 그런 조그마한 공간이 아니었던가.

꼭 이런 이유가 아니어도 난 자수의 의미로라도 최소한의 공간을 소유하려 한다. 모두들 지나치게 넓은 공간을 차지하거나 차지하려 하여 크고 작은 문제가 끊임없이 발생하고 있다. 지금 살고 있는 이 한 칸 방도 나에게는 전혀 불편하지 않다. 좁은 데서 지내니 마음은 오히려 넉넉하다.

나의 소원은 호숫가나 바닷가 또는 산속에 작은 집필실 하나 마련하는 것이다. 내가 설계하고 건축에 참여하여 만든 오로지 나만의 집을 갖고 싶다. 그래서 시간만 나면 상상으로 설계를 해 보곤 했다.

나 혼자 사용할 집이니 크기를 15제곱미터로 제한했다. 그 안에 작은 싱크대와 샤워 부스를 설치하고, 싱크대 아래에 꼬마 냉장고와 온수 보일러를 두고, 벽에는 벽걸이 세탁기를 걸어 놓으면 화려

한 궁궐 못지않게 대단한 공간이 될 것임을 난 알고 있다.

어쩌면 이 설계를 바꿀 수도 있겠다. 우선 크기를 12제곱미터로 줄이고 천장 아래에 선반 하나 달아 놓겠다. 갖고 있는 모든 물건들을 선반 위에 올리면 사용할 공간이 그리 좁게 느껴지지 않을 것이다. 집필실이니 책상 하나 놓고 사람 하나 누울 자리만 있으면 충분하지 않겠는가. 더 크면 어쩐지 글을 쓸 때 마음이 갈라질 것만 같다.

한 사람을 기준으로 모든 편리를 누리면서 집의 크기를 줄이면 도대체 어느 정도까지 가능할까? 공간만 잘 활용하면 10제곱미터도 가능할지 모른다. 내가 원하는 집은, 어떤 가정 아래 당장 필요 없는 공간까지 구비하고 있지 않고 지금 살아갈 사람만을 위한 공간만 갖추고 있는 집이다.

또 내가 살 집은 외양이 단순해야 한다. 사람은 누구나 복잡한 것에는 금방 싫증을 느끼지만 단순한 것은 그렇지 않다. 평생 살아갈 집이라면 마땅히 싫증나지 않아야 한다. 가장 좋은 집은 불편하지 않으면서 가장 작고 외양이 단순한 집이다.

집을 고치는 걸 낙으로 삼고 있는 사람을 알고 있다. 그는 십여 년 동안 집을 고치고 확장시켰다. 버려진 물건 가운데 쓸 만하다고 여겨지는 물건들을 집으로 갖다 날랐으며 이를 건축에 활용하기 위해 온갖 공구들을 구비했다.

 그는 매일 뜯어내고 다시 붙이고 이어 대느라 잠시도 쉴 틈이 없었다. 덕분에 트인 마루가 닫힌 공간이 되었으며 방과 창고가 하나씩 더 생겨났다. 그러나 그것은 노력만큼 빛나지 않았으며 오히려 더덕더덕 우스운 꼴이 되었다.

 집이 바뀌어도 여전히 바뀌기 전에 사용하던 싱크대에서 밥을 짓고, 전에 눕던 자리에 누워 잠을 잔다. 새로 생겨난 공간들은 그를 위해 아무런 역할을 하지 못하고 집으로 쏟아져 들어오는 폐자재를 위한 공간이 되었다. 앞으로 더 들어올 폐자재를 감당하기 위해서는 다른 공간이 다시 생겨야 할 판이다.

 먹고 자는 자리만 정비하고 모든 노력을 그만두었더라면 좋았을 뻔했다. 지치도록 힘든 노력과 폐자재로 채우지 못해 구입한 재료의 비용과 그 밖의 자질구레한 일들을 목록에 올리고 손익 계산서를 만들어 보면 엄청난 손해를 보았음이 확연히 드러난다.

 하지만 정작 본인은 그 사실을 전혀 깨닫지 못하고 있다. 설상가상으로 아직도 뭔가 새롭게 덧대고 뜯어고칠 궁리를 하고 있다. 그동안 투자한 시간과 돈으로 더욱 생산적인 일을 하거나 여유를 즐겼더라면 얼마나 좋았을까.

집은 사람을 위해 존재한다. 휴식을 취하고 여가를 보내며, 밖으로 나가 더 나은 사회 활동을 하기 위해 집에 머무른다. 작은 집이라 해서 그 역할을 하지 못하는 것이 아니다. 오히려 작아야 그 역할이 더욱 충실해진다. 감히 말하거니와 큰 집은 그냥 큰 집에 불과하지만 작은 집은 작은 천국이다.

# 자급자족하는 삶

평화롭고 여유로우며
더 즐거운 삶을 원하는가?
그러면 자급자족하라.

날이 참 좋다. 마루 끝에 걸터앉아 허공으로 눈길을 준다. 유난히 푸른 하늘에 구름 한 덩이 떠간다. 한참을 그러고 앉아 있자니 나 자신이 허공에 둥둥 떠다니는 느낌이 든다.

기온은 알맞게 따사롭고, 부드러운 바람은 살랑살랑 불어오며, 나무는 알록달록 예쁜 옷으로 갈아입고 있다. 바야흐로 모든 것이 풍요로운 계절 가을이다. 천고마비라 했으니 내 마음에도 덩달아 살이 오른다.

마을을 한 바퀴 돌아오기로 한다. 팔을 뻗어 손에 닿는 나뭇가지를 쓰다듬으며 걷는다. 도랑 가 풀들은 마지막 씨앗을 익혀내고, 힘이 다하여 누렇게 변하고 있다. 작은 씨앗 하나에 죽음을 통해 생명이 잉태되는 놀라운 섭리가 담겨 있음을 본다.

한 집을 지나는데 무언가를 탁탁탁 두드리는 소리가 들린다. 안으로 들어서니 주인 할머니가 막대로 깨를 털고 있다. 좌르르 쏟아지는 하얀 깨가 보기에 참 좋다. 바로 이 모습이 '깨소금이 쏟아진다.'는 말의 단서가 되어주었을 것이다.

이런 분위기에서는 깨소금 쏟아지는 이야기가 제격이다. 할머니에게 기회를 주기로 한다. 단순한 일을 하고 있을 때 곁에서 말동무가 되어 준다면 참 반가울 것이다. 마당 가 작은 바위에 엉덩이를 걸치고 앉자 할머니는 예상대로 깨소금을 쏟아내기 시작한다.

이야기는 고소한 냄새를 풍기며, 깨가 참기름으로 변화되어 각지에 흩어진 자식들 식탁에 오르는 데까지 흘러간다. 이제 등장하는 인물들의 세세한 면면이 낱낱이 까발려지게 될 것이다. 할머니는 둘째 아들의 과거사와 막내 손자의 잠버릇까지 들추고 나서야 잠시 숨을 고른다.

추측컨대 아직 할 이야기가 무궁무진 남아 있다. 친지의 자잘한 일상에서 마을에서 회자되고 있는 소문에 대한 데까지 딛고 가야할 징검다리가 꽤 멀다. 이 과정에서 이웃에 대한 지극히 개인적인 이야기도 듣게 되는데 거기엔 아주 정밀한 호구 조사를 거쳐야 알아낼 수 있는 내용도 포함되어 있다.

아무리 많은 이야기도 결국 '자식 자랑'이라는 깨소금으로 요약될 것임을 나는 미리 알고 있다. 알맹이는 그것뿐이고 다른 것은 알맹이를 강조하기 위한 쭉정이에 불과하다. 할머니는 자식을 위해서 채소나 곡식을 심고 가꾸고 수확한다. 지금의 이 깨도 참기름을 짜서 자식에게 보낼 것이니 그 범주에 속한다.

할머니의 밭에는 실로 다양한 종류의 작물이 자랐거나 자라고 있다. 그에 따른 노고가 결코 만만치 않겠지만 관찰한 바에 의하면 힘든 노동으로 치르는 그 모든 과정이 행복 그 자체다.

"이거 돈으로 쳐봐야 얼마 되겠습니까. 차라리 사 먹는 게 훨씬 쉽고 편하겠지요."

말은 그리 하지만 일을 쉽게 포기하지는 않는다. 할머니는 그렇게 자식에게 사랑을 퍼부어 주고 자신이 먹을 것도 일정 부분 자급자족한다. 할머니의 이 모든 노력이, 돈이면 무엇이든 가능하다는 가치관이 손상시킨 인간의 품위를 되찾는 데 도움이 될 거라는 생각이 든다.

　자급자족이란 말이 더 힘 있게 다가온다. 다른 건 몰라도 먹는 문제만큼은 자급자족하면 좋겠다. 우리나라의 식량 자급자족 비율은 반을 겨우 넘어섰다. 모자라는 부분은 수입에 의존할 수밖에 없는데 여기에 따르는 문제가 한두 가지가 아니다. 장거리 수송에 따른 경비와, 신선도 유지를 위한 약품 처리와, 더 많은 소출을 내기 위한 유전자 조작 등이 그것이다.

　자급자족에 방해되는 건 모든 걸 돈으로 해결하려는 마음가짐이다. 돈은 온갖 편리함을 제공하지만 그것이 곧 독이 될 것임을 알아채는 사람은 그리 많지 않다. 돈에 길들여지면 더 중요한 것을 놓칠 가능성이 커진다. 미래의 어느 날 문득, 식량이 그 어떤 무기보다 강력한 무기가 될 것이다. 그것은 핵폭탄에 견줄 만한 위력을 발휘할 것이다. 그에 대비하자면 자연에 한 발짝 더 가까이 다가가는 수밖에 없다.

　어릴 때 어머니는 해마다 가을이면 겨울을 날 채비를 하셨다. 나뭇가리 위에 펼쳐놓은 발과, 마당 곳곳에 자리 잡은 멍석이나 가마니와, 장독대 위에 군데군데 놓인 광주리에는 여지없이 온갖 종류의 채소들이 널려 있었다. 쨍쨍한 햇살은 어머니를 절대 실망시키지 않으려는 듯이 따갑게 내리쬐었다.

그렇게 말린 채소들은 겨우내 밥상 위에 올라 식욕을 자극하며 허기를 채워주었다. 반찬이나 찌개, 국으로 변화되어 올라오는 어머니의 작품을 보며 이것이야말로 어머니와 햇살이 함께 이루어낸 걸작품이로구나 생각하기도 했었다.

살고 있는 곳이 어디든 가능한 범위 안에서 일부 식품이라도 자급자족하는 삶을 이어간다면 참 좋겠다. 찾아보면 그리 큰 어려움 없이 접근할 수 있는 방법이 있을 것이다. 그 방법을 찾아 실행해 보는 것도 지혜다.

사는 곳이 시골이라면 닭을 몇 마리 키워 알이나 고기 등으로 일정량의 단백질을 확보할 수 있겠고, 집 귀퉁이에 손바닥만 한 채전을 일구면 봄부터 가을까지 채소는 걱정하지 않아도 될 것이며, 먹고 남는 여분을 말려두면 겨울에 유용하게 사용할 수 있을 것이다. 말리기가 번거롭거나 조금의 변화를 주고 싶다면 소금에 절이거나 장아찌로 만들어 두는 것도 한 방법이다.

이곳 섬에서는 몇 가지가 추가되는데 그것은 고구마와 해초와 생선 등이다. 그런 것을 꼬들꼬들 말려서 보관한다. 고구마 말린 것을 빼때기라고 부르는데 그것이 배고픈 시절 빼때기죽으로 변화하여 목숨을 이어주는 생명줄의 역할을 했다고 들었다.

  단순하고 소박한 식탁을 원하는 나에게 이런 정보는 금방 귀가 솔깃하게 한다. 나의 식탁에는 복잡한 과정에 노출된 식료품이 절대 어울리시 않는다. 형형색색의 모습으로 가공되어 눈길을 사로잡는 즉석식품은 여러 과정을 거치는 동안 이미 단순성을 잃어버렸다. 자급자족 실천은 단순성의 유지 측면에서도 단연 으뜸이다.

  "그런데 선생님은 이런 섬 구석에 뭐 하러 오셨소?"

  내가 이런 생각에 잠겨 있는 사이, 할머니는 하던 이야기를 끊고 느닷없이 물었다.

  "예? 글쎄요. 왜 왔을까요?"

  사실 나는 방해받지 않는 환경에서 단순하고 소박한 삶을 살아가며 거기에서 커다란 가치를 이끌어 내리라는 거창한 계획을 갖고 왔지만 그것은 어쩌면 핑계일지도 몰랐다. 내가 진정으로 원하는 것은 평화롭고 여유로우며 더 즐거운 삶일 터였다. 감히 말하건대 자급자족하는 삶을 살아간다면 거기에 더욱 가까이 다가서게 될 것이다.

  개인의 삶 자체만 놓고 본다면 역사에 길이 남을 사상가나 문장가보다 자급자족하며 살아가는 시골의 이름 모를 촌부의 삶이 더 충만할지 모른다. 자급자족은 삶을 더욱 투명하고 순수하게 하며 인간

근원의 가치를 끌어올려 준다. 준비하고 거두고 취하는 모든 과정이 스스로의 노력에 의한 것이니 만족도가 높아지고 그에 따라 행복감도 상승할 것이다.

할머니와 헤어져 방파제를 향하여 아래로 내려갔다. 방파제에는 한 무리의 사람들이 모여 이야기를 나누고 있었다. 들어보니 공판장에 내다 팔고 남은 고기로 젓갈을 담는 것에 대한 이야기다. 그 곁에서 한 할머니가 그물을 꿰매면서 혼잣말처럼 중얼거렸다.

"다 먹고살자고 하는 거이니까."

그 말이 어떤 철학자의 말보다 깊게 다가왔다. 사람들의 존재 이유와 추구하는 가치와 삶에 대한 모든 것은 사실 그 한마디로 충분할 것이다. 자급자족만이 그에 대한 완벽한 해결책이다.

## 달빛 걷기

*달빛 속을 걷는다.*
*달빛이 발에 밟힌다.*
*세월에 묻힌 기억이 되살아난다.*


 달이 둥실 떠올랐다. 이 섬에서 꽤 많은 달밤을 경험했지만 제대로 즐긴 기억이 별로 없다. 이 기회에 섬을 온전히 한 바퀴 걸어서 돌아보리란 계획을 세웠다. 밤에는 야생 멧돼지가 자주 출몰하는지라 혼자 걷기가 조금 부담스럽긴 해도 그리 불안하지는 않다. 멧돼지는 이쪽에서 먼저 시비를 걸지 않으면 절대 공격하지 않는다는 사실을 알고 있다.

 달빛 속을 걷는다. 달빛이 발에 밟힌다. 세월에 묻힌 기억이 되살아난다. 밤꽃 하얗게 핀 고향 풍경이 되살아나고, 어린 시절 멱 감던 냇가가 되살아나며, 저녁 어스름에 논둑길을 걸어가던 누렁소의 워낭소리가 되살아난다. 달빛은 그리운 기억들을 하나씩 들춰내서 손에 잡히도록 가까이 불러내 주는 힘을 가지고 있는 듯하다.

또한 달빛은 묘한 여운을 품고 있다. 사물이 이처럼 훤히게 보여도 낮에 보던 모습과는 사뭇 다르다. 모양과 형태는 같을지 몰라도 이미지가 차별된다. 밤에는 어쩐지 그 안에 숨겨진 비밀이 하나쯤 있어 보인다. 비밀이라기보다는 이야기라고 하는 편이 나을지 모르겠다. 저 나무들도 제각기 이야기 하나씩 간직하고 누가 먼저 입을 열어주기를 기다리며 저렇게 서 있다.

하지만 누구든 결코 입을 먼저 열지는 않을 것이다. 그래서 저 빛이 사그라지고 새벽이 와도 침묵이 깨어지는 법이 없다. 나는 오히려 침묵이 마음에 든다. 침묵이 깨어진다면 달밤은 달밤으로서의 매력을 잃어버릴 것이다. 침묵함으로써 잠재되어 있는 이야기가 더욱 빛나게 된다.

사람들은 제각기 자신만의 방식으로 이야기를 해석한다. 지난 시절의 추억이나, 특별했던 경험이나, 마음에 품고 있는 소망이 이야기의 배경이 되고 색깔이 된다. 그렇게 새롭게 생겨난 이야기는 다시 침묵 속에 잠길 테니 이 세상은 온통 숨겨진 이야기로 가득해질 것이다.

달빛을 흔히 '교교하다'고 표현한다. 신기하게도 이 말의 어감이 달빛의 이미지와 잘 어울리는 것 같다. 교교하다의 사전적 의미는 매우 맑고 밝다는 뜻이다. 나는 여기에 고요하다는 뜻을 하나 더 추가하고 싶다. 왜냐하면 침묵은 필연적으로 고요를 동반하기 때문이다. 지금 달빛이 참 교교하다.

산을 휘감은 하얀 길이 산모퉁이로 모습을 감추고 있다. 이 길을 따라 계속 걷다보면 어느새 다시 이 지점에 도착할 것이다. 어느 길이든 마지막에는 반드시 출발점으로 돌아오게 되어 있다. 출발점이 곧 도착점인 셈이다. 그런 관점에서 사람이 죽으면 '돌아가다'는 표현을 쓰는지도 모르겠다.

길가로 늘어선 나무들이 희멀건 모습으로 나의 일거수일투족을 지켜보고 있다. 오랜 세월 저렇게 한자리에 서서 오고 가는 사람들을 지켜보았을 테니 어느 삶이 궁금하게 여겨지면 나무에게 물어봐도 되겠다.

나뭇가지 사이로 스며든 달빛은 아래로 아래로 흘러내린다. 흘러내려서는 차례대로 잎사귀를 적시고 가지를 적시고 땅으로 떨어진다. 땅에 떨어진 달빛은 물기를 잃어 건조하다.

간간이 불어오는 바람에 잎사귀가 팔랑거린다. 섬에서는 바람을 종잡을 수 없다. 조용하다가도 어느 순간 확 휘몰아쳐서 잔잔한 마음이 출렁거리게 한다. 경험에 의하면 이른 아침이나 해거름에는 바람이 대체로 순한 듯하다. 사람들이나 사물들이 아직 삼이 덜 깨었거나 잠을 청하려하는 시각이므로 그럴 만도 하다.

이제 마을을 완전히 벗어나 집과 가로등의 불빛이 다 사라졌다. 바다 위에 군데군데 떠 있는 배에서 번져 나온 불빛만이 애처롭게 빛난다. 달빛 속의 인공 불빛은 생기가 없다. 빛은 역시 어둠 속에서 힘을 얻는 법이다. 더 빛나려면 어둠을 지나와야 한다. 삶도 마찬가지다. 역경을 거쳐 나온 삶이 더 빛난다.

배의 엔진소리를 제외하면 사방이 고요하다. 거기 비례하여 걸어가는 발소리가 더욱 또렷하다. 걷는 것은 명상하는 것이다. 발자국 하나하나마다 내면에서 흘러나온 상념의 알갱이들이 고인다. 길을 걸으면서 한번이라도 무심한 적이 있었던가? 없다. 생각은 어떤 식으로든 흘러나오게 세팅이 되어 있나 보다.

대체 무슨 상념들인가 따져 보니 그것은 주로 겪었던 일이나, 읽은 책의 장면이나, 나누었던 대화나, 마음에 두었던 일에 관한 것이다. 평소의 생각이 가치를 만들고, 가치가 사람을 만들어간다면, 바탕이 되는 경험이나 독서나 대화나 추구하는 일을 정화시킬 필요가 있을 것 같다.

행여 시험에 들어 나쁜 경험을 하지 말 것이며, 좋은 책을 가려 읽을 것이며, 선한 대화를 나눌 것이며, 모두에게 유익한 일을 바르고 정직하게 추구할 일이다. 하지만 그게 어디 쉬운 일이냐고 반문하지 않을 수 없다. 그래도 그렇게 해야 하는 것은 그 말 자체가 함정이 되어 자신을 걸려 넘어지게 할지 모르기 때문이다. 일단 지향하는 방향으로 움직여야 한다. 움직이지 않으면 변화도 없다.

벌써 섬의 반을 돌았다. 이쯤에서 쉬어 가기로 하고 벼랑 끝에 설치한 데크로 자리를 옮긴다. 달도 나를 따라 자리를 옮겨 앉았다. 철썩이는 파도 소리에 귀를 기울인다. 태곳적부터 쉴 사이 없이 밀려왔을 이 파도가 바위를 깎아 돌을 만들고 돌을 부숴 모래사장을 만들었다.

그동안 꽤 힘든 과정을 거쳤겠지만 지금은 모든 게 안정적이다. 그러고 보니 자연은 늘 평화를 추구한다. 갈고, 닦고, 깎아내고, 무너뜨려 모난 부분은 부드럽게 다듬고, 굽은 것은 바로 펴며, 서 있는 것은 주저앉힌다. 평화는 그렇게 온다.

사람도 그렇다. 평화를 얻으려면 반드시 스스로를 갈고, 닦고, 깎아내고, 무너뜨려 모난 부분은 부드럽게 다듬고, 굽은 것은 바로 펴며, 서 있는 것은 주저앉혀야한다. 그러기 위해 어떤 사람은 명상이나 종교 활동을 하며 또 다른 사람은 자기만의 방법을 찾아 행한다.

휴식은 끝내고 자리에서 일어섰다. 내가 움직이자 덜도 따라 휴식였다. 순간, 나 자신이 존재함으로써 세상 만물이 존재하며 내가 그 중심임을 깨달았다. 내가 바로 세상의 운전수다. 나의 운전에 따라 세상 만물은 그에 합당하게 보조를 맞출 것이다. 그렇게 나의 삶과 운명이 결정될 테니 운전은 신중해야 한다는 생각이다.

하늘을 본다. 여기저기 듬성듬성 흩어져 있는 별들이 눈에 들어온다. 그 많던 별들은 다 어디에 갔을까. 달에게 빛날 권한을 넘겨주고 어딘가로 숨어 버렸음에 틀림없다. 더욱 빛나기 위해서는 이렇듯 누군가의 희생이 필요한 것 같다. 역으로 말하면 상대를 빛나게 하기 위해서는 스스로를 포기해야 한다. 이는 높은 차원의 자기희생이자 아가페적 사랑이다.

세상의 운행 원리에는 이처럼 곳곳에 역설의 논리가 존재한다. 버려야 얻고 비워야 채워지며 낮아져야 높아진다. 죽어야 산다는 논리 또한 마찬가지다. 세상과 더불어 자신이 죽지 않으면 그를 빛나게 하는 고귀한 정신이 절대로 생명을 얻을 수 없다.

 이제 섬을 한 바퀴 다 돌았다. 집으로 돌아와서도 여운이 가시지 않아 집 주위를 한참이나 서성거렸다. 아무래도 이 장면은 오랫동안 내 기억의 한 페이지를 장식할 것 같다. 그래서 달이 뜨는 밤이면 안에서 스멀스멀 기어 나와 나를 웃음 짓게 할 것이다. 세상은 늘 즐기는 자의 편에 서 있다. 오늘 나는 달빛을 제대로 즐겼다.

# 4
## 겨울

## 어느새

모든 것은
어느새 그리 될 것이다.

집을 나선다. 섬 둘레 길을 따라 걷다가 잠시 멈추어 선다. 어디로 눈길을 돌려도 보이는 것은 산과 바다뿐이다. 산에는 오막조막한 집들이 흩어져 있고 바다에는 여기저기 배들이 떠 있다. 이곳의 모든 역사는 산과 바다를 배경으로 엮어진다.

둘레 길을 벗어나 산 위로 뚫린 오솔길로 들어선다. 사람의 발길이 뜸한 이 길이 무척이나 낯설다. 낯섦을 숨기려고 길은 낙엽으로 자신의 모습을 감추었다. 낙엽을 밟고 걸으니 발밑에서 바스락거리는 소리가 난다. 세월이 부서지는 소리가 들린다.

지난여름과는 사뭇 다른 풍경이 가슴을 시리게 한다. 활엽수들은 잎을 다 떨구어 나목이 되었고 침엽수들은 잎을 달고 있어도 기름기가 빠진 모습이다. 모든 것이 사그라져간다. 이즈음에 가장 어울리는 낱말 하나를 꼽으라면 '어느새'란 말이 적당할 것 같다. 어느새 그리 되었다.

'어느새'란 말 앞에서는 아무것도 힘을 쓰지 못한다. 짙은 초록도, 넘치는 힘도, 눈부신 아름다움도, 싱싱한 활력도, 심지어 물오른 생명조차도 이 수식어를 붙여놓으면 빛이 바래고 말라버려 바스스 부서져서는 마침내는 사그라진다.

나무가 연초록 싹을 틔울 때를 떠올린다. 아기의 꼼지락거리는 손처럼 귀엽고 앙증스런 모습 안에 밝은 미래와 벅찬 희망이 보인다. 연초록 싹이 진초록 잎사귀로 바뀐다. 왕성한 힘과 넘치는 정력이 아무나 넘볼 수 없는 단호함으로 다가온다. 잎사귀는 다시 울긋불긋 단풍으로 바뀐다. 단풍은 거역할 수 없는 세월의 흔적이다.

그리고 곧 낙엽이다. 낙엽을 대하면 오랜 수련을 통하여 번뇌의 껍질을 벗어버린 수도자의 허허로움이 느껴진다. 살아가는 동안 얼마만 한 세파에 시달렸을까. 지난 태풍 때만 해도 그렇다. 많은 나무가 가지가 꺾이고 어떤 것은 뿌리째 뽑히기도 했다. 무성한 잎을 단

채로 그런 바람을 견디어 내기가 쉽지 않았을 것이다. 벗어버리지 않으면 바람으로부터 자유로울 수가 없다.

지금 나의 발밑의 낙엽은 그런 과정을 거쳐서 어느새 여기까지 왔다. 그러고 보니 '어느새'란 말도 그리 나쁜 것 같지는 않다. 여리고 미숙한 잎이 무르익었다가 시들어서 사라지는 것은 너무나 당연한 자연의 이치니까. 모든 것은 어느새 그리 될 것이고 또, 반드시 그리 되어야 한다.

길을 한참 오르니 앞이 탁 트이며 가파른 바위가 나타난다. 얼마 전 바로 여기서 낙엽을 밟고 미끄러지며 단단한 바위에 무릎뼈를 세게 찧었다. 찧은 곳은 앞쪽인데 뒤쪽에 달걀만 한 혹이 생겼다. 그 일로 인하여 나와 전혀 관계없는 사건으로 뜻하지 않은 고난을 받을 수도 있겠다는 교훈을 얻었다. 어떤 고난이 생겨도 불평하고 원망할 일이 아니란 생각이다. 고난의 발원지는 결국은 나의 앞쪽 무릎이지 않은가.

사나흘을 꼼짝 못하고 누워 있다가 겨우 움직일 정도가 되어 병원에 가서 치료를 받았다. 그 일도 어느새 까마득한 옛날의 일로 여겨진다. 사람의 기억에는 아이러니하게도 망각의 기능이 있는가 보다. 망각은 축복이다. 하찮은 것까지 시시콜콜 다 기억하고 있다면 머릿속에 과부하가 걸릴 것이다. 기억은 잊혀야 비로소 제구실을 한다.

바위를 오르니 곧 정상이다. 섬에 있는 산의 정상에서는 늘 바람이 세다. 바람은 나의 옷깃을 날리며 이마에 맺힌 땀을 깨끗이 씻어준다. 느긋한 마음으로 바다를 바라본다. 수면의 움직임이 전혀 감지되지 않는다. 그냥 고요할 뿐이다. 이 우주도 마찬가지리라. 구석구석마다 폭풍이 일고 불꽃이 튀며 엄청난 속도의 경연이 펼쳐지고 있겠지만 우리 눈에는 그냥 잠잠하게 보인다. 우리가 사는 지구가 얼마나 작고 나약하며 보잘것없는 것인가 다시 한 번 깨닫는다.

저렇게 잔잔한 바닷속에 수없이 많은 생명체가 수많은 사건들을 겪으며 수없는 세월 동안 생명을 이어가고 있다. 아무것도 없었을 원시의 바다에 갖가지 생명체가 나타나 진화의 단계를 거치며 살아남을 것은 살아남고 사라질 것은 사라졌을 것이다. 그 세월을 따지자면 까마득하겠지만 바다는 어느새 지금의 모습을 갖추었다.

그와 마찬가지로 지금의 바다도 그만한 세월을 거쳐 어느새 그때의 바다가 될 것이다. 융기와 침식의 과정이 더해지면 땅과 바다가 만나는 경계가 달라지고 수온의 변화에 따라 물고기의 생태가 달라지며 적응하지 못하는 종이 사라지면 새로운 종이 나타나 그 자리를 메울 것이다.

나의 삶을 되돌아본다. 마을 앞 냇가에서 송사리를 잡아 고무신에 담고 있는 어린 시절의 내가 떠오른다. 고무신 바닥에서 이리저리 꼬리를 치며 헤엄치는 송사리의 맑은 눈빛도 보인다. 물결이 잘랑서려 무지갯빛이 흩어진다.

물속 모래가 환히 비쳐 보이던 유리알처럼 맑은 냇물, 물 위에 부서져 반짝이던 햇살, 불어오는 바람에 머릿결겸 날리던 몸으로 버드나무, 이 모든 것들이 천년만년 내 곁에 머물러 있을 거라고 생각했다. 하지만 시간이 지나면서 변화하여 냇물은 시커멓게 오염되었고, 그 위로 쏟아지던 햇살도 더 이상 반짝이지 않으며, 버드나무는 나도 모르는 사이에 흔적도 없이 사라졌다.

그사이 난 공부를 하기 위해 타지로 떠났고 그런 변화가 일어나는지조차 인지하지 못했다. 그렇게 세월이 흘러 결혼을 하고 아이들을 낳아 건사하며 살아가기에 바빴다. 그런데 문득 돌아보니 어느새 그 긴 세월이 훌쩍 지나 얼굴에 주름이 하나둘 늘기 시작했다.

지금 내가 여기 산꼭대기에 앉아 상념에 젖어있는 순간도 어느새 까마득한 옛일이 될 때가 올 것이다. 그런 관점에서 보면 나는 지금 꿈을 꾸고 있는 것이다. 꿈속에서 산을 오르고, 꿈속에서 생각에 잠기며, 꿈속에서 삶을 살고 있는 것이다. 그렇다면 이제 어떤 자세로 이 세상을 살아가야 하나? 그것이 내가 붙잡고 매달려야 할 화두가 되었다.

## 안개

비 그친 뒤 안개 숲을 걷는다.
사방은 오리무중.
빛나는 세계를 맞이하려면
반드시 여길 통과해야 한다.


어제는 하루 종일 겨울비가 내렸다. 아침에 일찍 집을 나서니 도랑물이 콸콸 넘친다. 물 흘러가는 소리가 솨아 하며 가슴속을 지나간다. 온몸이 시원해진다.

산 아랫자락부터 안개가 휘감고 올라간다. 산이 품고 있는 모든 것이 가려져 있다. 바다에도 안개가 자욱하다. 멀리 있는 섬은 보이지 않고 가까이 있는 섬은 윤곽만 드러내고 있다.

안개 속을 걸어간다. 비단의 올 속을 걸어가듯 신비한 느낌이 든다. 이대로 계속 가면 내가 가고자 하는 구전마을이 나오는 게 아니고 사차원 속의 어느 나라에 닿을 것만 같다. 이렇듯 안개 속에는 비밀스런 세계가 공존한다.

그 안에서는 무엇이든 선명하게 보이지 않기 때문에 나름대로 재구성하게 된다. 평평한 나무숲이라 여겼는데 낭떠러지인 경우도 있고, 바람이 지나가는 계곡이라 생각했는데 바다인 경우도 있다. 그런 경우 예상이 틀려서 느끼는 실망감보다 새로운 것을 떠올렸다는 기쁨이 더 크다.

안개 속에서는 모든 게 평등하다. 높은 것도 없고 낮은 것도 없으며 잘난 것도 없고 못난 것도 없다. 오직 '드러나지 않음'만 있다. 이런 세계는 오리무중이어서 감각적으로 방향을 잡아야 한다. 낭떠러지로 향하지 않기 위해서는 먼 곳이 아닌 바로 앞의 한 발짝을 기준으로 삼는 게 좋다. 감각의 날을 세우고 천천히 한 발짝 한 발짝 걸음을 옮기면 드디어 목적지에 도달하게 된다.

가끔씩 무서움증이 일기도 한다. 베일 저편에서 날 선 어금니를 드러낸 흉포한 멧돼지가 질주해 올 것만 같은 착각을 하는 것이다. 하지만 그것이 상상으로 지어낸 허상이라는 것을 금방 알아채고 무서움을 털어내고 앞으로 계속 나아간다.

그러기에 알아챈다는 것은 참으로 중요하다. 얼마나 많은 사람이 허상에 쫓겨 실망하고 자책하는가. 또 얼마나 많은 사람이 진실을 알아채지 못하고 절망하여 더러는 목숨까지 버리기도 하는가. 모든 것이 순간적이며, 결국 지나가게 되어 있으며, 지나간 뒤에는 잠잠해지며, 새로 맞이하는 날은 지난날과 같지 않다는 사실을 알아채야 한다. 지금의 이 아픔과, 과분해 보이는 호사와, 무료한 일상의 지겨움이 곧 끝날 것임을 알아채야 한다. 알아채는 것은 한 차원 높은 세계로 들어서는 문이다.

사차원을 통과하여 모롱이를 도니 앞이 환하다. 섬에서는 보통 그렇다. 어느 한쪽이 온통 안개에 뒤덮여도 또 다른 쪽은 말짱한 경우가 많다. 그러기에 안개가 뒤덮여 있을지라도 마음만은 늘 광명을 지향하고 있어야 한다는 생각이다.

안개 뒤의 세상은 더욱 빛난다. 비에 씻겨 말끔히 세수를 한 해송의 모습이 해맑다. 늘 보아왔지만 또 반갑다. 어깨동무하듯 나무둥치를 팔로 감싸 안고 한참 동안 서 있다. 내 곁에 해송이 있어 참 고맙다. 가슴이 벅차오른다. 무슨 말인가를 해야만 할 것 같아 "사랑해." 고백을 했다.

산 중턱으로 눈길을 돌린다. 지금은 모두 휴식을 취하고 있지만 수십 종류의 나무들이 사이좋게 어우러져 살아간다. 수십 종이 아니라 더 될지도 모른다. 분명한 것은 모두들 각자 위치에서 욕심내지 않고 분수에 맞게 물도 나눠 마시고 햇볕도 나눠 쬐며 어우러져 살아간다는 것이다.

안개 속을 통과하여, 전과 다른 빛나는 아름다움을 보았다. 살아가면서 만나는 '어려움'이란 안개도 마찬가지리라. 그걸 통과하면 더 빛나는 걸 만날 수 있으리라.

# 작은 새

고맙다.
네 고운 소리가 닿는 곳마다
미망의 비늘이 벗겨지고 본래의 모습이 드러나는구나.
참 고맙다.


난 아직 잠자리에 그대로 있다. 밤새, 어떤 손길에 이끌려 아득히 먼 곳에서 지금 여기, 손에 잡힐 듯 말 듯한 장막 앞에 서 있다. 장막은 절대 서로 섞일 수 없는 두 영역을 가르는 사건의 지평선이다.

사라졌던 기억이 조금씩 돌아오기 시작한다. 왼쪽 옆으로 작은 책상, 그 위에 미니컴퓨터가 놓여 있겠고 발 아래쪽 벽 위의 옷걸이엔 검정 손가방과 등산복 바지, 티셔츠 두 개, 점퍼가 걸려 있을 것이다.

책상은 솜씨 좋은 '낙원'의 바깥주인이 만들었다. 작은 책상이 필요하다 했더니 나무 무더기 속에서 판자를 찾아내어 자르고 다듬어 다리를 붙였다. 모양이 앙증맞고 귀여운 데다 올리브기름을 서너 번 칠해 은은한 빛깔의 옷을 입혀 놓으니 마음에 딱 들었다.

생각에 사로잡혀있는 동안 새벽에서 이쁜 소리가 들려왔다. 지음에는 무슨 소리인지 구분이 가지 않았지만 차츰 선명해졌다. 그것은 재재거리는 새소리다. 난 지금 잠에서 깨고 있는 중이다. 의식이 손을 뻗어 장막을 휙 걷음과 동시에 눈은 번쩍 떴다. 아직 날이 완전히 밝지 않아 주위가 희미하다.

새소리가 더욱 또렷해졌다. 그러고 보니 이곳에 와서 아침에 잠을 깰 때는 늘 새소리와 함께였다. 새소리를 들으면 쪼들린 마음이 활짝 펴지며 기분이 맑게 개고 가벼워진다. 처음엔 담장 너머에 대나무 숲이 있어서 새가 자주 날아오나 보다 했다. 그러나 살면서 이 섬에서는 어디에든 새가 흔함을 알았다.

이른 아침마다 방문 앞에 와서 잠을 깨우는 새가 도대체 어떤 녀석들일까 궁금했는데 어느 산책길에서 의문이 풀렸다. 길가 무성한 덤불 속에서 귀에 익은 소리가 들려 살펴보니 몸집이 조약돌만 한 '작은 새' 열댓 마리가 호로롱 호로롱 날아다니며 지저귀고 있었다.

큰 새는 소리가 우렁차서 멀리까지 가지만 작은 새의 경우는 그렇지 못해 잔물결처럼 주위만 맴돈다. 큰 새는 대부분 개별적으로 움직이지만 작은 새는 떼를 지어 움직인다. 큰 새는 대개 파랑, 빨강, 노랑 등 원색 계통의 색이 섞여 화려하게 보이지만 작은 새는 주로 어두운 갈색이다. 난 화려하지 않고 수수한 그 모습이 더 좋다. 아무리 봐도 눈이 피로해지지 않는다.

작은 새는 쪼끄만 씨앗이나 열매 하나 먹을 때에도 큰 새처럼 한 입에 꿀꺽 삼키지 않는다. 고 작은 부리로 콕콕 쪼다가 주위를 살피고, 다른 가지로 옮겨 갔다가 다시 돌아와 쪼는 행동을 수십 번씩이나 반복한다. 그렇게 해서는 하루 종일 걸려도 배가 부르지 않을 것만 같다.

그런 모습을 보고 있노라면 이 녀석들이 일부러 그리 행동하고 있으며 그걸 즐기고 있는 것이 분명하다는 생각이 든다. 식사를 하는 그 시간이 신나고 즐겁고 행복해 못살겠다는 듯이 종알거리며 단 일 초도 몸을 가만히 두지 않고 고개를 갸웃거리거나 발을 콩콩 옮겨 디디며 포롱 날아 이 가지 저 가지 옮겨 다니는 것이다.

부동의 자세를 중요시하는 명상 수행가가 이 모습을 본다면 무척 산만하다 나무랄지 모르겠다. 하지만 새의 입장에서는 너무나 당연하다. 수행가는 행복을 찾기 위해 명상을 하고 있지만 새는 이미 찾은 행복을 온몸으로 표현하고 있다.

내가 모르는 동안 숲속에서는 엄청난 변화가 일어났음이 분명하다. 어떤 새는 먼 데서 날아와 새끼를 치고 튼튼하게 키워 다른 곳으로 떠났으며, 다른 새는 먼 곳에서 낀 새끼를 데리고 나타났다. 또 다른 새는 목적지에 다다르기 전에 잠깐 들르기도 했다.

작은 새는 위의 어느 경우에도 해당되지 않는 것 같다. 쭉 같은 소리가 계속 나는 걸로 보아 대부분 텃새인 것이 분명하다. 하기야 고작은 날개를 저어 바다를 건너가자면 힘이 들기도 하겠거니와 육식 새들에게서 안전하지도 못할 것이다.

재재재재 더 커진 소리가 아직 잠자리에 머물고 있는 나의 게으름을 나무라고 있는 듯하다. 이쯤 되면 자리를 털고 일어나지 않을 수가 없다. 주섬주섬 옷을 입고 밖으로 나온다. 대문 앞 마른 덤불 속에서 작은 새 몇 마리가 푸드덕 날아오른다. 문득 앞산이 환하게 다가오고 나무가 생기를 더한다. 바다는 해맑게 웃으며 가슴을 열어 조각배를 띄운다.

겨울 211

# 난 내가 좋다네

배고프면 먹고 졸리면 잔다네.
추우면 불 지피고 별 따가우면 몸 태운다네.
난 내가 좋다네.

요 며칠 계속해서 산길로만 다니다가 모처럼 만에 바닷가로 나갔다. 섬 둘레가 대부분 가파른 절벽이거나 거친 바위들이어서 바닷물 바로 곁에서 걸을 수 있는 곳이 거의 없다. 다만 마을 앞 방파제 안쪽과 바깥 일이백 미터 정도는 걸을 만하다.

방파제 둑을 따라가며 높이가 낮은 곳을 찾아 아래로 내려갔다. 울퉁불퉁한 돌을 골라 디디며 물결 가까이 접근하여 천천히 걸었다. 걸을 때는 시간에 쫓기지 말고 오직 감각의 명령에 따라야 한다. 오

분도 걸리지 않는 거리가 한두 시간을 훌쩍 넘기기도 하는 이유는, 감각은 걷는 행위 이외의 요소를 더욱 중히 여기기 때문이다.

멀리에 점처럼 떠 있는 배 한 척과 하늘을 빙빙 도는 갈매기 몇 마리가 자꾸만 눈길을 빼앗는다. 그 너머로 사량도 희미하게 보인다. 물안개가 없는 날은 선명하게 보이나 지금처럼 물안개가 끼면 그 정도에 따라 희미해지거나 아예 모습을 감추어 버린다.

난 아주 선명하게 보이는 것보다 조금 희미하게 보이는 것을 더 좋아한다. 어떤 모습이든 베일에 싸여 있으면 신비감이 더해지기 마련이어서 상상의 활동이 왕성하게 된다. 지금이 딱 좋다.

갈매기는 끊임없이 맴을 돌다가 산모롱이 너머로 날아가 버렸다. 파도가 철썩이며 자꾸만 바위 위로 기어오르려고 한다. 온 신경이 파도 소리에 집중된다. 바다의 깊은 폐부를 거쳐 울려 나오는 이 소리를 듣고 있자니 가슴이 떨린다. 지구 전체가 커다란 생명체임을 깨닫는다.

밀물이어서 물 높이가 높아졌다. 물결은 발끝까지 따라와서 찰랑거린다. 날씨가 그리 춥게 느껴지지 않아 양말을 벗고 종아리를 걷고 아예 물속에 발을 담가 본다. 찬 느낌을 온몸으로 받아들이며 그걸 즐긴다. 한참을 그렇게 있는다.

문득, 마음 한쪽 구석이 조금 찜찜하다는 걸 알아차린다. 대문을 나와 집에서 한참이나 벗어났는데 가스 불을 끄지 않고 나온 것 같을 때 느낄 만한 그런 기분이다. 왜 그럴까 생각해 보지만 이유는 생각나지 않는다.

일어서서 뒤로 물러나 조약돌 하나를 찾아 들고 물수제비를 뜬다. 하나, 둘, 셋, 넷. 겨우 네 개다. 하지만 네 개도 많은 축에 속한다. 바다에서는 물결이 높아 물수제비뜨기가 쉽지 않다.

아, 생각났다. 조금 끄적거리다가 그대로 둔 원고의 꽉 막혔던 부분이 술술 풀린다. 이렇게 쉬운 게 그때는 왜 생각나지 않았을까. 갑자기 온 세상이 환히 밝아지는 듯하다. 이런 경우엔 불교 용어 돈오돈수란 말을 빌려와도 괜찮을 것 같다.

집으로 돌아와 떠오른 대로 원고지 빈칸을 하나하나 메워 나간다. 이 순간만은 오직 글에만 몰두한다. 내가 글 속으로 직접 들어가 그 안의 모든 것들을 진두지휘한다. 한참 만에 글을 완성하고 자리에 벌렁 누워 기지개를 켠다. 간절히 원하던 일을 이루었을 때 느끼곤 하던 벅찬 감정이 온몸으로 밀려온다.

"아, 참 좋다."

나도 모르게 혼잣말을 중얼거린다. 어? 금방 한 말로 조금 놀란다.

진지하게 뭐가 좋은가 스스로에게 물어보았다. 한참 동안 생각해 본 끝에 결국 좋은 것은 '나 자신'이라는 결론을 내린다. 무엇보다 이렇게 살고 있는 것이 마음에 꼭 든다. 최소한의 것 외에는 소유하지 않으리라 마음먹고 있으니 욕심이 생겨나지 않아 더욱 여유롭다.

나 자신이 잘난 것도 없고 내세울 것도 없는, 아무것도 아닌 존재란 사실이 이리저리 생각해 봐도 좋다. 그런 깨달음 앞에서는 사랑과 미움, 슬픔과 기쁨, 부귀와 고난 등 세상의 모든 것이 무게를 잃게 되어 더없이 가볍게 여겨진다. 이런 홀가분한 느낌은 참 오랜만이다.

불과 얼마 전까지만 해도 부담이 되던 일을 마쳐도 마음이 편해지지 않았다. 곧 그 자리에 새로운 일거리가 채워져 악순환처럼 압박이 이어지곤 했기 때문이다. 나뿐만 아니라 보통의 사람들도 누구나 운명처럼 그런 압박 속에 살아간다. 그러면서 자신이 그런 삶을 살고 있는지조차 알지 못한다.

이제 난 모든 것이 욕심에서 비롯되었다는 것을 고백한다. 더욱 인정받으려는 욕심, 더 많이 가지려는 욕심, 더 높이 올라가려는 욕심, 더 편해지려는 욕심은 늘 안으로부터 자신을 채찍질해왔다. 내가 나에게 매질을 해 대고 있었으니 얼마나 어리석었던가! 이제 그 사실을 깨달았으니 되었다.

　오늘은 참 보람된 하루였다. 모든 게 만족스러웠고 특히 내가 나에게 사랑을 고백할 수 있어서 더욱 좋았다. 난 내가 좋다.

# 별똥별

> 내가 걸으면 별도 걸었으며
> 내가 멈추면 별도 멈추었다.

저녁을 먹고 자리에 누웠으나 잠이 오지 않았다. 그럴 수밖에, 아직 여덟 시가 채 되지 않았다. 한여름엔 이 시간이 초저녁으로 여겨지겠지만 한겨울인 지금은 한밤인 양 싶다. 밖은 깜깜해진 지 이미 오래다.

문득, '밤마을이나 다녀올까?' 했다. 내 어릴 적에는 밤마을 다니는 게 일상이었다. 그때는 또래끼리 모여 함께 시간을 보내는 것이 하나의 문화였다. 이웃과의 소통을 무엇보다 중요시한 까닭이다. 소통을 통하여 지역사회의 소식과 생활에 필요한 정보를 얻게 되고,

신뢰 또한 쌓아서 상호 협조 관계를 유지할 수 있게 했다.

요즈음에는 '밤마을'이란 말조차 쓰는 사람이 거의 없는 것 같다. TV가 보급되고 난 뒤의 현상이 아닌가 싶다. 소식과 정보를 알려주는 것은 물론 오락의 기능까지 갖춘 TV는 마법의 상자다. 그 녀석에게 한번 눈길을 빼앗기면 좀처럼 다른 데로 눈길을 돌릴 수 없다.

주섬주섬 옷을 입고 밖으로 나왔다. 어디로 갈까 생각하며 걸음을 옮겼다. 내가 주로 가는 곳은 대개 가까운 이웃이나 방파제 근처 정자다. 이웃에 가서는 그 집 식구들과 살아가는 이야기를 나누었고 정자에서는 곧잘 펼쳐지는 술자리에 어울렸다.

언덕에 올라서니 바람이 매우 거칠었다. 그러고 보니 나의 발길은 언덕 너머 철이네로 향하고 있다. 낮에 만난 철이 아버지가 밤에 꼭 놀러 오라는 당부의 말에 생각해 보마고 대답해 둔 터다.

옷깃을 여미고 발걸음을 재촉하는데 문득, 눈앞에서 별똥별 하나가 휙 빗금을 그으며 떨어졌다. 너무나 갑작스런 빛의 향연에 잠시 가슴이 먹먹해졌다. 별똥별은 언제 대해도 신비롭기만 하다. 이 작은 빛살 하나에 광대무변의 시간과 공간이 겹쳐져 보인다.

걸음을 멈추고 하늘을 살폈다. 쏟아질 듯 무수한 별들의 무리 속에서 우주의 꿈틀거림을 읽는다. 이 우주는 언제 시작되어 여기까지 왔을까. 과학자들은 우주의 나이를 백오십억 년 정도로 추산하고 있지만 나로서는 받아들이고 싶지 않다. 왜냐하면 시간과 공간은 사람의 인식을 초월해 있기 때문이다.

저 어디쯤 지구와 닮은 행성이 수없이 흩어져 있을 것이다. 그곳에 지적 생명체가 존재하지 않으란 법은 없다. 자연법칙은 우주 어디서나 똑같이 적용되기 때문에 지구만이 그 행운을 가지고 있다고 주장한다면 그야말로 어불성설이다. 지구에서 생명의 탄생과 진화가 이루어졌다면 같은 조건의 다른 행성에서도 그렇게 되어야 한다.

칼 세이건은 하늘의 별들 주위를 돌고 있는 수없이 많은 행성 가운데 우리와 교신할 수 있는 지적 생명체가 살고 있을 만한 행성의 개수를 수치로 제시한 바 있다. 코넬 대학교 프랭크 드레이크 교수가 창안한 공식을 적용하여 그가 산출한 수치는 무려 수백만 개에 달했다.

저 하늘 어딘가에 지구와 비슷한 수준의, 혹은 그보다 더 발전된 문명사회가 수백만 개나 존재한다는 것은 얼마나 놀라운 일인가! 드레이크의 공식에 온갖 페널티를 적용하여 더 이상 양보할 수 없는 최소한의 가능성을 두고 계산해도 열 개는 된다고 했다.

나의 상상력은 곧장 나팔선의 가장자리에 위치해 있는 태양계에서 출발하여 은하의 중심으로 내달리기 시작했다. 삼만 광년의 거리를 순식간에 뛰어넘어 어느 행성에 다다랐다. 그곳의 문명은 인간의 그것보다 수십만 년 앞서 있다. 빛의 속도에 가까운 속력을 낼 수 있는 탈것이 있고, 상대의 생각을 읽어낼 수 있는 기계 장치를 갖추었으며, 미미한 오차로 미래를 예측할 수 있는 빅 데이터도 마련되어 있다.

이런 모든 시스템을 운용할 수 있는 생명체를 외계 인간이라고 한다면 그들은 분명 우리와 조금 비슷하거나, 아니면 전혀 다른 모습을 하고 있을 것이다. 서먹하긴 하지만 나는 그들의 생김새를 나름대로 그려보며 대화하기를 즐긴다. 대화가 깊어질수록 지구 인간이 쌓아 올린 지식이 보잘것없이 여겨진다.

지구는 사십육억 년 전에 탄생했고, 화성의 하늘은 연분홍색이고, 혜성의 대부분이 물과 메탄과 암모니아의 혼합물인 얼음으로 이루어졌으며, 금성의 표면 온도가 사백팔십 도이고, 대기압이 지구의 구십 배에 달하며, 매 순간 초속 백 미터의 바람이 불고 있다는 사실을 밝혀내었다 해도 그건 무시해도 좋을 아주 사소한 지식일 뿐이다.

과학자들은 한처음에 대폭발로 우주가 생겨났고, 그 우주에 대략 천억 개의 은하가 있고, 한 은하에는 다시 천억 개의 별이 있다고 추측한다. 그 안에서 인간이 쌓아 올린 지식은, 눈에 보이지 않는 분자를 쪼갠 원자 하나의 크기조차 되지 않는다 해도 좋으리라. 그렇다면 내가 속해 있는 이 은하, 천억 개의 별 가운데 단 하나의 별인 태양에 딸린 지구는 우주의 관점에서 얼마만 한 존재일까. 그런 지구에서 살아가는 사람은? 또 나는?

그런 질문들이 내가 삶을 바라보는 눈길을 바꾸어 놓았다. 지금처럼 쏟아질 듯 반짝이는 별들과, 검은 어둠 속에 본래의 모습을 감춘 나무나 집들, 아득히 들려오는 통통거리는 배 소리, 그리고 태초부터 있어 왔을 평화 속의 정적, 이런 것들이 온통 나의 가슴을 흔들 뿐이었다. 그 외의 인간적인 것들에는 도무지 애착이 가지 않았다.

오늘 나는 뜻하지 않게 별똥별을 보고 잠자고 있던 별과의 친교를 살려내었다. 짧은 시간일지라도 별과의 대화로 인하여 그 시간이 영겁의 시간이 되었으며 별과의 사귐으로 인하여 그 사실이 절대 잊히지 않는 불멸의 기억이 되었다.

별똥별은 혜성, 소행성에서 떨어져 나온 티끌이나 먼지가 지구의 중력에 이끌려 대기권 안으로 들어오면서 불타는 현상이란 사전적 정의를 이제 나는 나의 기준에서 바꾸려 한다. 별똥별은 우주 인간이 나와의 소통을 위하여 특별히 날려 보내는 암호 신호다. 그것을 인간의 언어로 풀이하여 알기 쉽게 정리하는 것은 오로지 나의 몫이다. 나는 거기에 인류에게 고루 적용될 최대로 유익한 의미를 부여하려고 한다.

  저만큼 앞, 희미한 어둠 속에 철이네 집이 보인다. 바삐 걸음을 옮겨 마당으로 들어섰다. 내가 들어서니 별들도 따라 들어섰다. 별은 늘 그렇듯, 내가 걸으면 별도 걸었으며 내가 멈추면 별도 멈추었다. 그렇게 하여 내가 어디에 있건 나와 별 사이의 거리는 단 일 센티미터도 멀어지지 않았다.

## 빈집

무너져 나뒹구는 세월의 흔적이여.

아, 저기가 마을이었구나.

화려했던 영화의 뒷얼굴이 바로 저런 것이었구나.

이 섬엔 식당과 술집은 물론 가게조차 없다. 그런 것들이 있을 이유가 없다. 섬 안에 있는 모든 사람을 합해도 칠십 명이 채 되지 않으며 오고 가는 사람도 드물어 소비의 장이 형성되지 않는다. 섬은 하루의 대부분이 허전하고 적막하다.

일주 도로를 따라 섬을 한 바퀴 도는 데 두 시간 남짓 걸린다. 동쪽 길을 걷다 보면 어느새 남쪽에 가 있고 남쪽을 걷다 보면 금방 서쪽, 북쪽이 나온다. 한 바퀴 돌면서 동서남북을 다 체험할 수 있어

처음에는 참 신기했다.

  길 아래로는 여기저기 사람이 살았던 흔적이 보인다. 비바람에 무너져 내려 널브러져 있는 집들이 옛 역사를 말해 준다. 녹이 슬어 벌겋게 삭아 가는 양철지붕과 시커멓게 썩어 가는 서까래는 오랜 세월의 자취다. 하지만 아직도 생생한 어떤 벽에서는 따뜻한 온기가 뿜어져 나오기도 한다. 미루어 짐작하건대 이 섬도 한때는 전성 시절의 로마처럼 번성했던 것 같다.

  이름을 봐도 옛날에는 규모가 꽤 컸다는 느낌이 든다. 마을은 남구와 북구로 나뉘는데 남구엔 구전, 청석, 대판마을이 있고 북구엔 학리, 고운, 설풍, 사동마을이 있다. 지금은 선착장이 있어 배가 들어오는 구전과 학리를 제외하고는 한 마을에 보통 두세 가구가 산다. 사동마을에는 아예 아무도 살지 않는다.

  학리와 청석에 폐교 건물이 있어서 몇 번 둘러보았다. 운동장 가득한 잡초와 우거진 관목들이 접근을 막았지만 기어코 들어가서 옛 자취를 확인했다. 교실마다 붐볐을 아이들을 떠올리며 거미줄이 쳐진 빈 교실을 둘러보자니 흥망성쇠의 이치가 가슴을 섬뜩하게 했다. 흥하면 망하고 성하면 쇠하리라는 말은 만고불변의 진리다.

  지금은, 학리의 폐교는 숙박시설로 리모델링 되었고 청석의 폐교는 아예 뜯겨 자취조차 사라졌다. 물을 가두어 벼농사를 짓던 몇 뙈기 안 되는 논에는 잡목이 무성하다. 사람들에게 전해 듣지 않았다면 그곳이 논이었다는 사실조차 알아채지 못했을 것이다.

섬에는 무너진 집뿐만 아니라 비어 있는 집도 꽤 많다. 길을 가다가 마음이 당기면 빈집에도 들이기 본다. 빈집에는 공통점이 있다. 마당에는 잡초가 무성하고 집은 한쪽 귀퉁이가 살짝 내려앉았으며 문짝이 떨어져 나갔거나 문살이 한두 개쯤 부러져 있다. 장독 옆에는 찌그러지거나 깨어진 세숫대야가 엎어져 뒹굴며 부엌 바닥에는 꼭 헌책 한두 권이 자리한다.

그런 집도 한때는 사람의 음성으로 시끌벅적했을 것이다. 분주한 발자국 소리와 일을 하느라 토닥거리는 소리가 끊이지 않았을 것이다. 불이 사그라지듯 모든 것이 사그라지고 이제 바람만 드나드는 걸 보면 마음이 겸손해진다. 언젠가는 나도 쇠하여 바람의 곁으로 가게 되리란 것이 강 건너 불 보듯 환히 보이기 때문이다.

빈집을 보며 그곳에 살았던 사람들의 삶을 나름대로 상상해 보는 것도 색다른 재미다. 눈에 보이는 것들, 예를 들어 쓰던 물건이나 남아 있는 기록과 흔적으로 사람들의 성향 등을 파악하고, 이웃에게서 들은 이야기가 있다면 그를 토대로 한 가족의 역사를 재구성해 보는 것이다.

뼈와 살을 붙이는 과정에서 상상력이 동원되는데 어느 쪽으로 흘러가도 무방하다. 이렇게 탄생한 이야기는 대부분 허구일 가능성이 높지만 상상으로만 즐기고 손을 털고 일어설 때에는 모든 것을 원래의 상태로 되돌려놓으면 되므로 허구라 할지라도 상관없다.

가끔씩 상상력이 지어낸 이야기가 어느 한 부분 사실에 가까운 게 있을까 생각해 본다. 알 수는 없지만 조금이라도 딱 맞아떨어지는 부분이 있기는 있을 것이다. 누구에게든 세상살이가 고만고만하지 않은가. 이제 상상이 지어낸 이야기 안으로 한번 들어가 볼 차례다.

어느 빈집 마당 한쪽에 우뚝 솟은 바위에 앉아 집과 마주함으로써 준비를 마친다. 시계의 태엽을 거꾸로 감아 과거로 여행을 떠난다. 눈길이 여기저기 훑고 지나가면 바랬던 빛이 윤기를 얻는다. 바람 속에 묻혀 있던 역사가 깨어나기 시작한다.

마당에 뒹구는 문짝이 제자리에 가서 붙고 깨어진 세숫대야가 말짱해진다. 부엌 바닥의 헌책도 원래 있던 책꽂이에 가서 꽂힌다. 쓰레기에 파묻혀 누워있던 돌확이 몸을 세운다. 집은 피가 돌아 잃었던 온기를 되찾는다.

이윽고 한 소년이 책가방을 멘 채 "엄마!" 하고 소리치며 마당으로 들어선다. 상장을 받았는지 표정이 무척이나 상기되어 있다. 빨리 와서 칭찬받을 생각에 뛰어온 듯 호흡도 거칠다. 안에서 아무 기척이 없자 소년의 얼굴에 잠시 실망하는 빛이 돈다.

 소년은 가방을 벗어 마루 위로 휙 던지고 부엌문을 열고 안을 빠끔히 들여다본다. 아무도 없다는 걸 다시 확인하고 물통에서 물을 한 바가지 퍼서 벌컥벌컥 들이켠다. 바가지를 아무렇게나 던져 놓고 또 사방을 살핀다.

 마루 끝에 걸터앉아 철썩이는 파도 소리에 귀를 기울이다가 뒤로 벌렁 누워 곧 단잠에 빠진다. 기다렸다는 듯이, 마당 앞 감나무에 박새 몇 마리가 날아와 혹시 누가 오나 망을 본다. 돌확도 입을 굳게 다물고 숨을 죽인다.

 새근새근 숨소리에 코 고는 소리까지 더해질 무렵 머리에 함지를 인 어머니가 바삐 들어선다. 어머니는 날쌘 눈길로 소년을 훑어 내리고 곧, 소년의 모든 것을 탐지해 낸다. 함지를 내리고 손을 씻고 부엌으로 들어가 재바르게 밥상을 차린다.

 함지 속에 담긴 바다가 햇빛을 받아 윤슬을 만들어낸다. 온 세상이 빛난다. 어머니는 밥상을 마루 위에 가져다 놓고 소년을 깨운다. 소년이 하품을 하며 일어난다. 상 위의 반찬이 꽤 정갈하다. 김, 미역무침, 된장찌개, 구운 생선 몇 마리.

허겁지겁 밥을 먹는 소년의 모습을 흐뭇한 미소로 바라보는 어머니의 눈길에 사랑이 가득하다. 소년은 어머니의 희망이자 미래다. 어떤 힘든 일도 기쁘게 여겨지는 것도 이 때문이다.

개한테 쫓기는 염소가 죽어라 울어 대는 바람에 모든 광경들이 한순간에 허물어진다. 다시 문짝이 떨어져 나가고 세숫대야는 깨어진 채 나를 올려다본다. 부엌 바닥의 헌책도 그대로다. 자리에서 일어나 집을 향해 걸음을 옮긴다.

그 소년은 지금 어디에서 어떤 모습으로 무슨 일을 하며 지내고 있을까. 그때 어머니의 미래였으니 지금은 어머니의 현재가 되어 있을 것이다. 문득 한번 보고 싶다는 생각이 든다. 어머니의 사랑 가득한 눈빛은 우주 공간 속을 유영하다가 별이 되어 반짝거리고 있을 게다.

이 작은 섬마을이 언젠가 다시 옛 영화를 되찾을 수 있을까? 모르겠다. 확실한 것은 지금도 사람들이 기회만 되면 하나둘 떠나 빈집을 늘리고 있다는 사실이다.

# 왕이 되다

왕이 되기 위한 조건,

여유와 만족.

　이 세상에는 노예로 살아가는 사람이 참 많다. 돈의 노예, 권력의 노예, 명예의 노예, 쾌락의 노예 등 개인의 성향에 따라 종류가 다르다. 노예의 공통점은 어떤 목적을 정해 놓고 그것을 이루기 위해 모든 것을 희생해 가며 무섭게 질주하는 데 있다.

　무엇에 집중해서 전진하는 모습은 아름답기조차 하다. 하지만 스스로가 삶의 주체가 되지 못하고 욕심에 속박되어 이리저리 끌려 다니는 형국이라면 이야기가 달라진다. 그것이 노예가 아니고 무엇이란 말인가.

뒤돌아보니 나 역시 노예로 살아오지 않았다고 장담하기 어렵다. 이런저런 일에 매여 분주하기만 했지 주인다운 여유를 누려 보지 못했다. 도시를 떠나 섬으로 온 것도 사실은 분주함을 가라앉히고 삶의 진정한 주인이 되기 위해서다.

고백하자면 이곳 생활에 아주 만족하지만 때로 무료하다는 느낌이 들기도 한다. 그럴 때마다 공허감이 뒤따른다. 그것은 아직도 내가 노예 직에서 완전히 벗어나지 못했다는 걸 뜻했다. 그래서 때때로 깨어, 내가 종이 아닌 주인의, 그것도 왕의 신분이라는 걸 스스로 선포하지 않으면 안 되었다.

'나는 왕이다.'

그런 날은 정말 왕이 되어 왕처럼 살고자 했다. 왕에 어울리게 몸가짐을 깨끗하고 바르게 하기 위해 샤워부터 했다. 비록 샤워기가 없어서 물통에 물을 받아 놓고 바가지로 퍼서 끼얹을지언정 종의 신분일 때와 차별화했다. 물통에 풀꽃 몇 송이, 쑥 잎 몇 장 띄워 놓으면 제법 분위기가 잡힌다.

차가운 물을 온몸에 뒤집어쓸 때에는 왕의 향기가 세포 안으로 스며들었다. 상쾌한 기운이 퍼지며 의식은 더욱 또렷해졌다. 시설 좋은 목욕탕이나 온천을 찾아가서 무슨 전쟁이라도 치르듯 법석을 떨던 때를 어찌 지금과 비교할 수 있으랴. 나는 왕의 샤워를 즐기는 중이다.

몸 구석구석 칠한 비눗물을 씻어낼 때에는 먼지와 함께 습관처럼 몸에 묻어 있던 종의 딱지가 함께 씻겨 내려갔다. 비로소 내가 왕의 지위에 어울리는 자유와 권위를 갖게 되었음을 깨닫는다. 세탁하여 결 밀려 둔 보송보송한 수건으로 몸을 닦고, 가장 마음에 드는 옷을 골라 걸친다.

가벼운 발걸음으로 사람들이 자주 모이는 방파제 쪽으로 걸음을 옮긴다. 선착장에 배가 없는 걸 보니 모두들 그물과 통발을 내리거나 거두러 나간 모양이다. 나의 왕국 구성원들은 제자리에서 최선을 다해 맡은 일에 열중하고 있다.

발길을 돌려 마을 앞 정자로 가니 할머니 몇이 양지쪽에서 망중한을 즐기고 있다. 왕이 나타나자 반갑게 맞이하며 자리를 마련하여 내어 준다. 금방 무슨 즐거운 이야기를 나누었는지 모두들 얼굴 가득 미소를 짓고 있다.

왕이라는 사실을 숨기고 이야기에 끼어든다. 봄이 오면 밭에서 가꿀 채소와, 산에서 캘 약초와, 시장의 물고기 시세와, 객지에 나가 사는 자식에게 보낼 해산물에 관한 이야기 속에 희망을 본다.

한참 동안 함께 시간을 보내다가 마을 위로 향했다. 외따로 살고 있는 할머니를 만나 볼 참이다. 할머니는 무릎 건강이 좋지 않아 걷는 데 큰 불편을 느낀다. 가까운 주위에 이웃이 없으니 몇 날 며칠 사람 하나 구경하지 못할 때도 많다.

할머니는 나를 보자마자 하고 싶은 이야기를 풀어놓는다. 가슴속에 갇혀 있던 말들이 입 밖으로 다 풀려나자 비로소 얼굴이 환해진다. 이야기를 들어 주는 데 시간도 걸리고 꽤 큰 인내심도 필요했지만 왕으로서 당연한 일을 했다.

"아픈 허리를 치료하고 와야 하는데……."

할머니가 말꼬리를 흐린다.

평소에 허리가 아플 때는 도시로 나가 며칠씩 묵으면서 병원 치료를 받곤 했었다. 이번에도 치료 받으러 가고 싶은데 집을 지키는 '반달이'라는 검둥개가 걱정된다는 것이다.

"걱정 말고 다녀오세요. 내가 잘 돌볼게요."

반달이는 이미 몇 번 돌본 적이 있다. 사료와 마실 물을 챙겨 주고 똥을 치우고 집 주변을 깨끗이 쓸고 닦아 주면 된다. 시간이 허락되면 한 이삼십 분 정도 놀아 줘도 괜찮다. 사람을 무척 따르므로 함께 노는 것도 재미있다.

이제 나의 왕국 더 먼 곳으로 가 볼 차례다. 길에 굽이가 많아 걸을 때 아기자기한 재미가 느껴지는 남구 쪽으로 향했다. 그곳에도 얼굴이 익은 사람들이 꽤 있어 안부가 궁금하던 터였다.

　왕의 체신을 지키기 위해 한껏 느리게 걸었다. 이른 봄에 길 위로 꽃잎을 흩뿌려 주던 동백나무를 만났다. 꽃잎을 밟으며 지나쳐 갈 때면 "가시는 걸음걸음 놓인 그 꽃을 사뿐히 즈려밟고 가시옵소서." 하며 중얼거리곤 하였다. 동백꽃 덕분에 달포가량을 시인으로 살 수 있었다.

　문득 왕에겐 신하가 있어야 한다는 데 생각이 미쳤다. 만약 누가 신하가 없다는 사실을 들어 왕으로 인정하지 않겠다고 우기면 입장이 곤란해질 수도 있으니까. 망설이지 않고 동백나무를 신하로 임명했다. 동백나무는 머리를 조아림으로써 청을 받아들였고 신하로서의 예도 행했다.

　우리 둘 사이의 소식이 산 식구들에게 전해졌는지 내가 지나갈 때 모든 나무는 바람의 구령에 따라 머리를 조아리거나 몸을 흔드는 걸로 존경을 표했다. 그렇게 하여 나의 산책은 왕의 품격을 갖추게 되었다.

　남구 사람들도 모두 자신의 자리를 지키며 역할에 충실하고 있다. 고기를 잡으러 나갔거나, 떨어진 그물을 손보거나, 이웃을 불러 작은 음식상을 차려 놓고 친교를 나누고 있다. 태평성대를 보는 듯해

기분이 좋아진다.

  하루를 마치고 잠자리에 들어서야 왕의 신분을 반납하고 원래의 신분을 취했다. 내가 왕이 됨으로써 다른 사람에게 끼친 피해는 없다. 오히려 사람들을 더욱 기쁘게 했으며 왕의 권위를 가지고 축복도 해 주었다.

  왕이 되어 누리는 여유가 다른 어떤 호사보다 만족스럽다는 사실은 왕이 되어 본 자만이 알 수 있다. 왕의 지위를 얻기 위해 길을 나설 요량이라면 이렇듯 일상에서의 작은 여유를 출발점으로 삼아야 한다.

  그 뒤로도 나는 가끔씩 왕이 되었다. 찌는 듯이 덥던 한여름의 며칠 동안엔 왕이 되어 바닷가에서 수영복을 입은 채 온몸에 올리브 기름을 바르고 몸을 태우며 문어를 잡기도 했다. 물속에 뛰어들어서는 방파제 끝까지 헤엄을 쳐서 몇 차례나 오가기도 했다. 왕이란 사실에 고무되어 힘든 것도 잊고 있는 바람에 물에서 나올 무렵에는 기진맥진한 상태가 된 적도 있었다.

  어느 초가을 날에는 바람의 노래를 들으러 대나무 숲에 들어갔다. 조금 거친 듯 꼿꼿한 기상이 느껴지는 매력적인 그 소리를 심장부에서 듣고 싶어서였다. 그런데 작고 새까만 모기가 떼로 달려들어 십 분도 못 되어 쫓겨났다. 모기가 왕을 알아볼 턱이 없으니 불평하지는 않았다. 쫓겨나는 왕이라니!

　유난히 따뜻한 어느 겨울날엔 발가벗고 한때를 보내기 위해 사람의 발길이 닿지 않는 깊은 숲속으로 들어갔다. 무연고 묘의 양지바른 둔덕에 자리를 깔고 옷을 벗고 누워 알몸으로 햇볕을 쬐었다. 몸에 닿은 햇볕도 아기랑이처럼 피부를 간질인다는 사실을 처음 알았다. 몸이 따뜻이 데워지니 그 느낌이 더할 나위 없이 좋아 자꾸만 시간을 연장하였다.

　묘 주위의 동백나무에 녹색으로 치장을 한 동박새 수십 마리가 왕을 알현하기 위해 날아왔다. 와서 보니 왕이 벌거숭이여서 잠깐 긴장하다가 이내 평온을 되찾아 왕의 권위를 무시하고 알나리깔나리를 외쳤다. 이 가지 저 가지 콩콩 뛰어다니거나 호로록 날며 놀려 대는 모습이 얼마나 귀여운지 몰랐다.

　왕이 된 날은 이렇듯 호사를 누렸다. 그런 날은 보통 때보다 시간이 더 빨리 흘러 금방 점심때가 되었으며 한숨 돌리고 나면 어느새 저녁나절이 되었다. 평소보다 더 풍부한 영양가를 섭취해 실제로 내면에도 살이 올랐다. 똑같은 시간에 몇 몫의 삶을 살았으며 거기 비례하여 삶에 대하여 더욱 주인다운 주인이 되었다.

# 친구들

> 친구란 안락의자와 같은 것.
> 거기에 앉아 있으면
> 세상의 온갖 시름을 다 잊을 수 있다네.

 이 세상을 친구 하나 없이 홀로 살아간다면 얼마나 허전할 것인가. 친구는 존재 자체로 힘이 되어, 마주 보고 대면하지 않아도 온기를 전해 온다. 친구가 있기에 매사에 의욕과 활기가 넘쳐 삶이 충만해진다.
 내가 비록 단순한 미니멀리스트의 삶을 선택했다 하더라도 나에겐 나에게 알맞은 친구가 여전히 필요하다. 이 섬에 들어온 순간부터, 외로울 때 의지하고 슬플 때 위로를 받으며 기쁠 때 기쁨을 함께 나눌 수 있는 그런 친구를 간절히 원했다. 사실 기대 이상으로 훌륭한 친구를 여럿 사귀었다.

'아, 이 친구다.' 할 만한 조건을 가지고 있는 대상이 눈에 띄면 조금 떨어져서 꼼꼼히 관찰한다. 바깥으로 보이는 모습뿐만 아니라 내면에 숨어 있는 심성까지 놓치지 않고 살펴보기 위해서다. 친구를 섣불리 사귈 수는 없지 않은가. 그랬다가는 두고두고 후회할지 모른다.

눈높이를 맞추고 지켜보다 보면 마침내 그의 성향과 호흡과 미묘한 기분의 변화까지 저절로 이해하게 된다. 그때쯤 그에 대한 관심에서 멀어지고 싶어도 멀어질 수 없음을 깨닫는다. 이 시점이 바로 진정한 친구가 되기 위한 출발점이다.

곁으로 바짝 다가가 마주 보고 일상의 대화를 나누거나 속마음을 털어놓다 보면 친밀한 정이 무르익는다. 때로는 대화 없이도 몇 시간을 훌쩍 넘길 수 있으며, 눈빛만 교환해도 숨겨 둔 내밀한 언어까지 이해할 수 있게 된다. 잠깐 스쳐 지나가도 오랜 시간을 함께한 듯한 착각에 빠지기도 한다.

친구란 그런 존재다. 떨어져 있으면 보고 싶고, 보고 있으면 떨어지기 싫다. 친구는 안락의자와도 같아 거기 앉아 있으면 세상의 모든 시름을 다 잊을 수 있다. 평화의 장막 안에 함께 갇히는 것, 그것이 친구와의 교제다.

  이 섬에서 봄여름 가을 겨울을 다 보내 보았다.

  봄과 여름은 새의 계절이다. 온갖 새들이 찾아와서 자신만의 목소리로 삶을 노래하다가 때가 되면 떠나갔다. 오고 감에 전혀 막힘이나 미련 같은 게 없었다. 눈에 잘 띄는 새도 있었지만 보통은 은밀하게 다니므로, 한 번도 모습을 보지 못한 새가 훨씬 많았다. 종류에 따라 찾아오고 떠나는 때가 조금씩 달랐지만 여름이 끝날 때까지 휴지 기간은 없었다.

  많은 새 가운데 특히 밀화부리가 기억에 남는다. 음을 높이거나 낮춰 절묘하게 조화시켜 만들어 내는 소리는 가히 감동적이다. 인간이 만든 악기로 하는 어떤 연주도 그에 미칠 수는 없다.

  밀화부리의 소리를 듣고 있으면 어릴 적 한없이 평화롭던 한때가 주마등처럼 지나간다. 푸른 하늘과 밤꽃 핀 언덕, 노란 부리를 쩍쩍 벌리던 때까치 새끼, 학교 가는 길목에서 손짓하던 목화의 아기 열매들이 보인다. 아련한 추억 속에 잠김으로 얻게 되는 평화는 더없이 달다.

  가을은 풀벌레의 계절이다. 서늘한 기운이 돌기 시작하면 온갖 풀벌레들이 짝을 찾기 위해 애절하게 울어 댄다. 볕의 따스한 기운이 이제 곧 사그라질 것임을 알고 있는 듯하다. 온 힘과 정성을 다해 우는 것이 가슴으로 전해지기에 애절함이 더하다. 온갖 종류의 소리가 뒤섞여 있지만 조금의 불협화음이 없다. 교향악단의 연주처럼 섞여서 오히려 장엄하다.

밤이 새도록 계속되는 이 연주를 들으러 난 일부러 초저녁부터 불을 끄고 문을 조금 열어 놓고 누워 있곤 했다. 잠이 들 때까지 들어도 조금도 지루하지 않다. 듣다가 싫증이 나려 하면 마음에 드는 소리만 골라 들으면 된다. 한 소리에 집중을 하면 다른 소리는 알아서 톤을 줄여 준다.

특별히 기억에 남는 소리는 "챙챙챙챙." 하고 쇳소리처럼 울리는 소리다. 그것은 맑음의 극치였다. 그에 알맞은 설명이나 표현을 찾다가 결국 포기했다. 엄지손톱만 한 토끼가 양손에 심벌즈를 들고 서로 부딪쳐 소리를 내는 모습을 상상하니 제법 어울린다는 느낌이 들긴 들었다.

소리의 주인을 찾으려 노력했으나 허사였다. 풀벌레는 소리에 비해 몸집이 너무 작아 찾아내기 어렵다. 역시 고수는 쉽게 모습을 드러내지 않는다. 숨기고 있어야 존재가 부각되는 건 인간 사회에서도 마찬가지일까.

계절 안에 꽃을 들여놓지 않으면 꽃이 서운해할지도 모르겠다. 사계가 다 꽃의 계절이다. 봄에는 밝거나 원색 계통인 꽃이 많다. 여름에는 차츰 화려해졌다가 가을에는 은은하고 수수한 꽃이 주류를 이루게 된다. 겨울에 접어들면 동백꽃이 피기 시작한다.

겨울은 바람의 계절이다. 온갖 생명들이 추위를 피해 자신만의 은신처에 숨어들면 바람이 그 자리를 서성인다. 장난꾸러기 바람은 숲의 모든 것을 쓰다듬고 다독이다가, 장난기가 발동하면 휘익 휘저어 놓는다. 깊은 겨울잠에 빠진 풀과 나무는 무슨 일인가 싶어 눈을 반쯤 떴다가 다시 감는다. 겨울밤, 따끈한 아랫목에 누워 바람이 가랑잎을 몰고 다니는 소리를 듣는 것도 색다른 재미다.

눈 이야기도 빼놓을 수 없다. 남해의 섬에는 눈이 참 귀하다. 어쩌다 내리기는 하는데 금방 녹아버린다. 내린다는 표현보다 날린다는 표현이 더 알맞다. 눈이 날리는 날은 산과 바다가 회색의 세계에 갇힌다. 이런 풍경 또한 낭만적이다. 회색은 우중충한 색깔이 아니라 세련의 경지를 넘어선 색깔이다. 귀천과 대소와 다소를 따지지 않고 똑같은 무게로 품어 준다. 회색 안에 머물러 있으면 시간은 흐름을 멈추고 번뇌는 끊어진다.

이 모든 것들이 다 나의 참된 친구가 되었지만 특히 기억에 또렷이 남는 친구를 몇몇 더 소개하려 한다. 이 친구들은 나와 특별한 관계를 맺고 나의 삶 깊숙이 들어와서는 그날그날의 운세에 일일이 관여했다.

그 첫 번째가 길을 따라 달아나는 특이한 습성을 가진 길앞잡이다. 봄과 가을, 두 번 모습을 보이는 애네들은 산책할 때 길 위에 수십 마리씩 떼 지어 앉아 있다가 다가가면 발자국 소리에 놀라 메뚜기 떼처럼 후드득 날아 더 앞쪽에 내려앉곤 했다.

이런 행동이 몇 번이고 반복되니 의도적으로 함께 산책을 하고 있다는 느낌이 들었다. 어떤 때는 수십 마리나 되는 무리와 이십여 분 이상을 나란히 걸은 적도 있다. 물론 처음의 무리가 자연스레 다른 무리로 대체되었을 수도 있었겠지만 나에겐 매우 특별하고 즐거운 경험이었다.

보름 정도는 수가 굉장히 많았는데 차츰 줄어들더니 나중에는 거의 보이지 않았다. 그 많던 녀석들이 다 어디로 갔을까 궁금했다. 자연의 순리 속에서 꼭 가야 할 곳으로 갔다는 걸 깨닫는 순간 우주 만물의 운행이 신비스럽게 여겨졌다. 우리는 그 운행 가운데 만난 것이다. 그 만남으로 인해 우리 사이에 특별한 관계가 형성되었으며 나의 산책 또한 의미 있고 더 풍성하게 되었다.

길앞잡이가 사라지자 그 자리를 다른 것이 대신 메웠다. 날개가 반밖에 자라지 않는 갈색여치다. 길앞잡이는 무리 지어 다니는 반면에 갈색여치는 한 마리씩 따로 다닌다. 이런 개별 행동은 나의 취향에 딱 맞다.

어느 날 시원한 그늘에 앉아 피리를 불고 있는데 사오 미터 떨어진 앞쪽에서 흑갈색의 통통한 곤충이 슬금슬금 기어오다가 팔짝팔짝 뛰어오기도 했다. 소리를 내지 않으니 멈추어 섰으며 다시 소리를 내니 비로소 움직였다.

이 녀석은 내 손이 닿을 만한 곳까지 왔다. 처음에는 이름이 무엇인지 몰랐는데 나중에 곤충도감을 찾아보고 갈색여치, 또는 반날개여치라고 하는 걸 알았다. 애네는 사는 장소에 따라 몸의 생김새나 색깔이 조금씩 다르다고 한다.

소리에 반응한 것이 아닐까 싶어 이후에도 여러 번 피리를 불며 확인을 해 보았으나 전혀 반응을 보이지 않았다. 그날은 정말 우연히 피리 소리와 갈색여치의 움직임이 시간차를 두지 않고 절묘하게 맞아떨어진 것이다.

그래도 나는 그리 생각하지 않는다. 갈색여치 스스로 내 곁으로 다가왔다고 믿고 있다. 사실, 그 아이는 어떤 권유나 압력 없이 내가 부는 피리 소리를 듣고 온전히 스스로의 뜻으로 자신의 여섯 다리를 움직여 기거나 뛰어서 내 곁에 왔다. 그 일 이후부터는 갈색여치가 더욱 정겹게 여겨졌다.

갈색여치가 사라지고 난 다음, 여름의 끝자락에 만난 갈구리측범잠자리 이야기를 하려고 한다. 여러 종류의 잠자리가 있지만 특히 이 녀석을 언급하는 것은 매혹적인 생김새와 능란한 비행 기술 때문이다. 난 이 녀석에게 단번에 마음을 빼앗겼다.

왕잠자리처럼 큰 몸에 새겨진 노란색 줄무늬가 매혹적이었을 뿐만 아니라 비행하는 모습도 환상적이었다. 사람이 아무리 좋은 기술을 개발하여도 이 잠자리만큼 자유자재로 날 수 있는 비행 물체는 만들지 못할 것이다. 그것은 신의 작품이어서 결코 흉내 낼 수 없다. 수직 하강은 물론 백팔십 도, 삼백육십 도 회전과 정지 비행까지 고난도의 비행을 한 점 흐트러짐 없이 완벽하게 해내었다. 그 비행은 우아하고 품위가 있어 가히 예술적이라 할 만하다.

길을 가다 갈구리측범잠자리가 눈에 띄면 한참을 서서 넋을 잃고 아름다운 비행을 바라보곤 했다. 어느 날에 높이 떴다가 내리꽂히듯 내려와서 벌레 한 마리를 낚아챘는데 그 순간 기겁을 하며 지그재그로 비행하며 잡은 벌레를 놓아주었다. 벌이었던 것이다. 그 모습에, 뜨거운 것을 만졌다가 놀라는 아기의 모습이 연상이 되어 혼자 한참을 웃었다.

가끔씩 나도 비행에 동참했는데 그것은 마음속으로, 옆구리에 돋아난 날개를 활짝 펼쳐 잠자리와 함께 산등성 이곳저곳을 날아다니는 것이다. 그럴 때는 몸과 마음의 모든 무게가 빠져나가 깃털처럼 가벼워져 무한한 자유 속으로 안개인 양 스며들어 갔다.

한 가지만 더 소개한다면 달팽이를 빼놓을 수 없다. 날씨가 쌀쌀해지기 전까지는 비가 오면 다음 날에 길바닥 위로 어김없이 달팽이들이 쏟아져 나왔다. 그리하여 무슨 의식이라도 치르듯 길을 건너는 고난의 행군을 감행하는 것이다.

밤톨만 한 크기의 달팽이들은 목을 길게 빼고 이 세상이 신기해 못살겠다는 듯 더듬이를 이리저리 돌리며 몸을 움직였다. 더듬이에 손가락을 살짝 갖다 대면 움찔 놀라 몸 전체를 껍질 속으로 숨기는데 그 동작이 걸음걸이에 어울리지 않게 민첩하다.

난 달팽이들을 '사막의 은수자'라 불렀다. 죽음의 강 앞에서 조금도 불안해하지 않고 오히려 느긋해하는 모습이, 모든 것을 포기하고 오직 진리만을 탐구하기 위해 척박한 사막으로 숨어 들어간 교부들에 비길 만하기 때문이다.

달팽이들이 택한, 뜨거운 햇볕이 내리쬐는 시멘트 포장길은 사막과 별반 다르지 않다. 그런데 문제는 걸음이 너무나 느리다는 데 있다. 해가 중천에 솟아오를 때까지 다 건너지 못하는 녀석들이 속출한다. 갑자기 높아진 기온에 기진한 달팽이들은 딱딱한 껍질 속으로 연약한 살을 감추어 보지만 속수무책일 수밖에 없다. 그렇게 비참하게 죽어 간 달팽이의 사체를 수없이 보았다.

그래서 길을 갈 때 눈에 띠는 달팽이가 있으면 하나씩 집어 풀숲으로 돌려보냈다. 처음에는 이런 자비심이 자연 선택에 대한 불순한 거부의 몸짓으로 비춰져 그만둘까 하다가 달팽이 입장에서는 나와 친구를 맺은 인연으로 인한 축복의 기회가 되겠다 싶어 계속하였다.

비가 온 뒷날은 섬을 한 바퀴 돌면서 수십 마리의 달팽이를 시원한 풀숲으로 돌려보냈다. 비가 온 뒤 어쩌다 산책을 거를 때도 있었는데 다음에 산책을 나가면 어김없이 길바닥에 달팽이 껍질이 널브러져 있었다.

내가 섬에서 사귄 친구들은 이외에도 여럿 더 있다. 모두가 한결같이, 자칫 지루해지기 쉬운 일상에 신선한 자극제가 되었으며 마음 또한 따뜻하게 데워 주었다. 나는 그들이 제공한 의자에 느긋하게 앉아 세상을 관망했다. 그 시간만큼은 내게 감히 어떤 부정적인 것들이 침범하지 못했다.

# 살다 보면

사람아 너는,
먼지에서 왔으니 먼지로 돌아가라.

 살다 보면 누구나 이웃이나 친지의 죽음을 목격하게 된다. 죽음도 삶의 한 부분이라는 걸 이해하지 못하는 바는 아니지만 대할 때마다 익숙하지가 않다. 손상된 그와의 연결고리를 회복시킬 방법이 없어서다. 가까이 머물렀던 사람일수록 혼란이 더 크다.
 이 섬에서도 몇몇 죽음을 목격했다. 예상한 죽음도 있고 그렇지 못한 경우도 있다. 그런 일을 겪으면 한동안은 자꾸만 고인의 생전 모습이 떠올라 자신도 모르게 우울한 감정에 휩싸이게 된다.
 돌아보면 천 년도 한소끔, 거기서 한 생의 길고 짧음이 무슨 의미가 있겠는가. 누구나 때가 되면 왔던 곳으로 돌아가는 게 세상 이치다. 그렇긴 해도 '이왕이면 조금 더' 하는 미련은 쉽게 사그라지지 않는다.

고인이 남기고 간 말과 일과 행위가 시시때때로 떠오르며 다시 보고 싶은 생각이 간절해진다. 함께 나눈 대화와, 평소에 느낀 분위기와, 지었던 표정과, 소통 뒤의 여운은 육체보다 생명이 훨씬 더 긴 것 같다. 그런 것들이 사라지게 하려면 기억이 빛을 바랠 때까지 기다리는 수밖에 달리 방법이 없을 것이다.

또 한 사람이 세상을 떠났다. 평소에 아주 건강하였고 잠시도 손에서 일을 놓지 않던 부지런한 분이었다. 책을 읽다가 마당으로 나오면 조금 아래 밭에서 일하고 있는 그가 보였다. 쨍쨍한 햇볕 속에서 쉬지 않고 움직이는 모습이 너무나 진지해서 그의 노동이 수도자의 수행처럼 여겨지기도 했다.

허리를 굽혔다 펴며 빠르게 움직이는 모습이 지금도 눈앞에 보듯 생생하다. 불과 얼마 전까지만 해도 민박집을 확장하고, 태양열 발전기를 세우고, 농기구를 새로 장만하고, 멧돼지를 막기 위해 밭 둘레에 전기 울타리를 설치하고, 닭과 염소도 키웠다.

이제 그 일들은 어떻게 될 것인가. 누가 다시 돌보지 않는 한 발전기는 동작을 멈추고 농기구는 녹이 슨 채로 여기저기 뒹굴 것이며 동물은 새 주인을 찾아갈 것이다. 밭은 금방 묵정밭이 되어 버릴 것이다.

이웃의 죽음을 대할 때마다 세상의 모든 것이 부질없다는 교훈을 되새기곤 한다. 팔과 어깨의 아픔을 견디며 몇 번 더 해 대던 괭이질도, 손톱만큼도 물러서지 않던 이웃과의 사이에 얽힌 송사도, 당장 그만두어도 손해 볼 것 없는 시시하기 그지없는 것에 목숨을 건 일도 아무런 의미를 획득하지 못한다. 죽음 앞에서 그것이 다 무슨 소용이란 말인가.

만약 누가 죽기 며칠이나 몇 달 전에 곧 생을 마감해야 한다는 걸 알고 있다면 어떻게 할까? 모르긴 몰라도 무슨 일에서도 결과야 어찌 되건 신경 쓰지 않고 초연하게 행동할 것이다. 정리가 덜 된 것이 있다면 서둘러 정리하겠고, 불화했던 이웃이 있다면 용서하거나 용서를 청하며 모든 것을 원래의 상태대로 돌려놓겠지.

'내가 나'라고 악을 쓰는 것은 죽음이 가까이 있다는 걸 모르기 때문이다. 하지만 실망스럽게도 그날은 누구에게나 생각보다 빨리 올 것이다. 어느 순간 돌아보면 죽음은 바로 등 뒤에서 손짓하고 있을 것이다. 모든 것이 찰나다.

영혼이 삶에서 죽음의 세계로 건너갈 때는 죽는 순간의 상태 즉, 여러 가지 유품과, 다른 이에게 빌려 주거나 빌린 돈, 주고받은 사랑과 미움, 용서하지 못한 마음, 어떤 사실에 대한 만족스러움과 불만스러움, 그동안 해 오던 일에 대한 미련, 관계에서의 시비와 아직 정리가 넉 뇌 사무 따위는 그대로 지상에 남겨 둔 것이다.

그렇다면 분명해졌다. 죽음을 가장 잘 맞이하는 방법은 한 점 미련이 없도록 안과 밖을 홀가분하게 만드는 것이다. 정리하지 않은 것은 정리하고, 해결할 것은 해결하고, 빚진 건 갚고, 용서하고 용서받아 모든 걸 만족스럽게 돌려놓고 죽음을 맞이한다면 참 좋을 것이다.

이 경우에도 단순한 삶을 지향하는 사람은 참 유리하다. 그런 사람은 일상생활에서의 일거리나 사람 사이의 관계가 적고, 가진 물건도 얼마 되지 않으며, 무언가를 이루려고 하는 욕심의 크기가 제한되어 있을 테니 그 주위는 늘 깨끗하게 정리 정돈이 잘되어 있을 것이기 때문이다.

사실, 사람은 누구나 죽음이 가까이 오면 본능적으로 주변을 정리하려고 한다. 어쩌면 그것은 인간의 타고난 본성일지도 모르겠다. 어쨌든 죽음 뒤에 또 다른 세계가 존재한다면 만족스런 상태에서 건너

가야 거기에서의 삶이 더 자유롭고 여유로워질 것이다. 그런 의미에서 난 언제 떠나더라도 홀가분한 상태를 유지하려고 노력할 것이다.

말이 나온 김에, 기어코 오게 될 죽음의 때를 떠올리며 마음에 두고 있던 작은 유언 하나 남긴다. 의사의 진단이 내리면 다음과 같이 하라. 첫째, 조건이 되면 모든 장기는 필요한 사람에게 기증하라. 둘째, 시신은 바로 화장하라. 셋째, 재는 산이나 강 또는, 바다에 뿌려라. 사람은 먼지에서 왔으니 먼지로 돌아가는 것이 너무나 당연하다.

이 세 가지 외에는 모든 걸 자유롭게 하되 관습이나 형식 절차 같은 것에 절대 매이지 마라. 나의 이 결정이 다소 불만스럽더라도 그대로 따라주기 바란다. 죽은 뒤에 모두가 무덤 하나씩 차지하게 된다면 아름다운 이 강산이 어찌 되겠는가. 생각만 해도 끔찍하지 않은가.

혹시 내가 문득 그리워져도 찾아갈 곳이 없다고 불평하지 마라. 그럴 때는 하늘을 보라. 그 안에 나의 미소 한 조각은 떠다닐 것이다. 산이나 강이나 바다에 찾아가라. 그 안에 나의 시 한 줄은 녹아있을 것이다.

그래도 그리울 거라 속단하지 마라. 살다보면 다 잊힐 것이다.

# 실험의 결과

> 그대, 어떤가?
> 최소한으로 줄여야
> 최대한으로 얻을 수 있다는 걸 이제 믿겠는가?

글을 마무리할 때가 되었다. 이곳에서의 실험은 꽤 만족할 만했다. 그리 많은 비용이 들지 않아 무척이나 경제적이었고, 하고 싶은 일을 하였기에 늘 활기가 넘쳤으며, 얻은 결실들이 풍성했으므로 무엇보다 생산적이었다.

앞으로의 삶도 이의 연장선상에서 이어 가려 한다. 그러자면 소비에 대한 이야기를 하지 않을 수 없겠다. 단순하고 간소한 삶은 필연적으로 검소하고 소박한 소비를 전제로 하고 있기 때문이다.

지금 우린 과소비의 시대에 살고 있다. 지구를 덮어 버릴 듯이 쏟아져 나오는 쓰레기를 보면 끔찍할 정도다. 어떤 이는 대량 생산되는 물건을 최대한 빨리 소비해야 사회가 안정이 된다고 주장한다. 소비가 위축되면 생산자뿐만 아니라 이리저리 얽히고설킨 사람들의 일사리까시 위협받기 때문이란다. 미안하지만 그 말은 함정이다.

소비를 강요하는 사회 구조는 바탕부터 안정적이지 않다. 어느 구석에서 작은 폭발이 시작되면 곧 연쇄 폭발로 이어질 것이다. 마침내 자원은 고갈되고 물건이나 물자에 대한 사람들의 갈증은 심화될 것이다. 사회가 건강해지려면 기본적인 패턴이 무엇보다 구성원 하나하나의 검소하고 소박한 소비 생활 위에 뿌리내린 구조여야 한다.

도시라는 거대한 괴물 안에서는 검소한 소비를 실천하기가 무척 힘들다. 문명과 편리의 이름으로 쏟아져 나온 수많은 물건들 속에서 어떻게 절제의 정절을 지킬 수 있을 것인가. 그건 이미 구조적으로 거의 불가능할 정도가 되었다.

먹는 문제만 살펴봐도 그리 만만한 일이 아님을 알 수 있다. 영양과 건강의 딱지를 붙인 형형색색의 식품을 보면 누구라도 유혹을 받는다. 그런 식품을 먹으면 건강해지리라는 최면에 걸릴 수밖에 없다.

가장 건강한 식품은 자연 상태에서 금방 뚝 따 온 잎이나 열매임이 분명하다. 이 섬에 머무는 동안 그렇게 취한 싱싱한 오이와 가지와 고추는 어떤 보약보다도 영양가가 뛰어났으며 된장에 찍어 먹은 양파와 마늘은 꿀보다 더 달았다. 알맞게 구워 밥상에 올린 물고기는 필요한 만큼 양질의 단백질을 제공했다.

입는 문제도 마찬가지다. 난, 옷에 관한 한 가진 수는 최소화하되 최대한 깨끗하게 입자는 평소의 지론을 따를 생각이다. 유행과는 상관없이 디자인이 간결하고, 입기 편하고 질기며, 수수한 느낌을 주는 옷 한두 벌만 가질 생각이다. 많이 가짐으로 얻는 만족감보다 적게 가짐으로 누리는 편안함이 더 가치가 있다.

극단적인 표현일지 몰라도 유행이란 말은 장사치가 만들어낸 허상에 불과하다. 그들은 다른 사람의 눈을 지나치게 의식하는 인간의 약점을 교묘하게 이용하여 유행이란 말을 실제보다 확대하여 부각시키고 소비 심리를 끊임없이 자극한다. 정신이 자유롭다면 자루를 뒤집어쓰고 다녀도 떳떳할 것이다.

건강한 소비에 가장 방해가 되는 것이 광고다. 장사치는 물건을 팔아먹기 위해 진실을 과장하고 왜곡하고 때로는 변형시킨다. 낮을 밤으로 바꿀 수는 있어도 광고에 넘어가지 않기는 어렵다. 그들은 혹시나 넘어가지 않을 마지막 한 사람을 위해 '넘어갈 때까지!' 하고 최후통첩을 보낸다. 그것은 집요한 작은 벌레와도 같아 사람의 뇌세포를 갉아 먹으며 들어가 중앙의 정보 처리 장치 가운데 부분에 승리의 깃발을 꽂는다. 깃발이 꽂히면 누구든 정신박약 상태가 된다.

난 일에서도 과소비를 줄일 생각이다. 너무 많은 일에 관여하면 낭비가 크다. 서른 가지 일거리를 한 가지로 줄일 것이며 줄인 일도 필요와 가치란 거울에 비추어 보고 돌아오는 실질적 이득이 미미하다면 과감히 버릴 생각이다.

그렇게 얻게 되는 시간과 에너지를, 책 읽는 일과 글 쓰는 일과 산책하는 일과 구름을 바라보는 일과 때로는 그냥 멍하니 앉아 있는 일에 투자할 것이다. 그런 투자는 나만의 손익 계산서에 대입해 보면 한 점 허실이 없을 것이다. 왜냐하면 그것이야말로 바로 내가 진정으로 원하는 바이기 때문이다.

이 섬에서 주로 아침나절에는 일주로를 걸었으며 오후에는 글을 쓰고 책을 읽거나 가슴이 원하는 일을 했다. 몸과 마음이 요구하면 주저 없이 이웃과 함께 삼천포시장에 나가 맛있는 음식을 사 먹기도 했으며, 홀로 욕지도 연화도 우도 노대도 추도 수우도 사량도 용초도 등 남해의 여러 섬들을 탐험하기도 했다.

지난 시간을 돌아보니 참 좋았다. 삶의 여정이 참 좋았다는 표현의 연속선상에서 이어져 가는 것만큼 신나는 일이 어디 있겠는가. 가시밭길을 걷더라도 신나게 걸으면 그 길은 꽃길이 된다.

원하는 바였기는 하지만 이런 곳에 금방 적응하고 오히려 즐기기조차 하는 나는 타고난 은둔자인 것 같다. 이런 생활을 하면서 얻게 될 기쁨과 만족스러움과 평화가 내가 추구하고자 하는 것이라면 기꺼이 이 삶을 택하겠다. 미니멀리스트로 살면서 동백꽃 핀 언덕에 올라 해가 뜨는 광경을 지켜볼 것이며, 날씨에 따라 달리 보이는 주변 섬들의 정경을 찬찬히 살필 것이다.

삶을 낭비하기에는 인생이 너무 짧다. 내가 단순하고 간소한 삶을 추구하는 것은 그런 삶에는 낭비가 없을 것이기 때문이다. 난 정말이지 많은 것을 줄임으로써 더 많은 것을 얻었다. 단순하게, 더 단순하게!

단순하게, 더 단순하게
ⓒ 홍 기, 2023

**초판 1쇄 발행** 2023년 3월 19일

**지은이**　　홍 기
**펴낸이**　　이은재
**편 집**　　권정근
**디자인**　　이태호

**펴낸곳**　　도서출판 그루
**출판등록** 1983. 3. 26(제1-61호)
**주소**　　42452 대구광역시 남구 큰골 3길 30
**전화**　　053-253-7872
**팩스**　　053-257-7884
**전자우편** guroo@guroo.co.kr

**ISBN** 978-89-8069-482-2

* 이 책은 저작권법에 의해 보호받는 저작물이므로 무단 전재와 무단 복제를 금하며 이 책 내용의 전부 또는 일부를 이용하시려면 반드시 저작권자와 도서출판 그루에 서면 동의를 받아야 합니다.
* 잘못된 책은 구입하신 곳에서 바꿔 드립니다.
* 책값은 뒤표지에 있습니다.